Green Cooking

 *Power-Gemüse und mehr*

Chantal Sandjon

Love Greens!

GRÜNSCHNABEL ODER VEGGIE-LOVER? EGAL,
WIE VIEL GRÜN SICH SCHON IN DEINEM
LEBEN VERBIRGT, GREEN COOKING LÄSST ES
SPRIESSEN! WEIT MEHR ALS NUR GESUND,
DAS IST DIE NEUE GRÜNE KÜCHE.

Green up Your Life

Grünes Blattgemüse ist das Superfood der ersten Stunde! Es
wächst oft direkt vor der Tür – und am besten sogar direkt in
deiner Küche oder auf dem Balkon. Natural & Clean Eating,
das glücklich und gesund macht!

Hier findest du alles rund um die unendliche Vielfalt grüner
Lebensmittel: Happy healthy Rezepte für Body & Soul,
spannende Facts, hilfreiche Hacks und eine Welt voll
grünem Genuss. Bist du bereit für mehr Greens in deinem
Leben? Eco-Food 2.0 wartet auf dich und lädt dich ein zu
wilden Experimenten und genialen Geschmackskombis. So
wird aus grüner Ernährung Green Living mit ganz viel Fun!
Teile dein Glück unter #happyhealthykitchen und hol dir ein
paar Likes bei deinen Freunden ab! Denn geteilter Genuss ist
doppeltes Glück.

Stay healthy! Feel happy!

Inhalt

Salads & Soups

Grüne Goodies

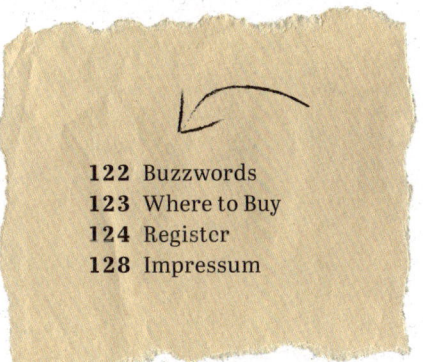

Specials

Sweet & Green

Thinking Green

DIE ZUKUNFT IST GRÜN – DIE UNSERES PLANETEN GENAU WIE DIE UNSERES KÜCHENVORRATS UND UNSERER GESUNDHEIT. DIE GUTEN (UND SCHMACK-HAFTEN!) GRÜNDE HIERFÜR SIND DABEI SO VIEL-FÄLTIG WIE DAS PFLANZENGRÜN SELBST.

Back to the Roots & Leaves

Grüne Pflanzenkraft ist der wahre Ursprung von Leben, denn ohne Chlorophyll und Photosynthese wäre kein Atemzug denkbar, kein Essen verfügbar, nada, niente, nichts. Grünzeug ist also in vielerlei Hinsicht erste Wahl – auch für unsere Ernährung. Es kommt ohne industrielle Verarbeitung aus, ohne weiße Mehle und Zucker, kurz ohne all das, was uns belastet und aus der Balance bringt.

Alles im Gleichgewicht?

Für mehr Harmonie in deinem Leben kannst du täglich meditieren, zum Yoga gehen – oder dir tagein, tagaus ein Maximum an grüner Lebensfreude in deine Küche einladen. Denn wer sich für mehr Grün entscheidet, wählt zugleich auch ein Leben in Balance. Unser Säure-Basen-Haushalt gelangt ins Gleichgewicht, aus dem ihn oftmals ein Zuviel an industriell verarbeiteten Lebensmitteln, Süßkram und Backwaren gebracht hat. Und, was viele Leute im Selbstversuch feststellen: Green Eating erdet und liefert zugleich auch viel geistige Klarheit.

(S)low Carbs Rule!

Unser Körper braucht Kohlenhydrate. Aus ihnen zapfen Kopf und Geist die notwendige Energie. No Carb ist keine Lösung, um mit Genuss und Freude schlank zu werden und vor allem auch schlank zu bleiben. Komplexe Kohlenhydrate aus Vollkorngetreide, Hülsenfrüchten und Gemüse werden vom Körper nur langsam aufgeschlossen, lassen den Blutzuckerspiegel dementsprechend gemächlich ansteigen und sättigen über längere Zeit. Vor allem in Kombination mit Ballaststoffen ist dies der Fall – also gerade bei grünem Gemüse!

Schlank, schön, satt

Detox-Drinks in Plastikflaschen, Wundermittel und Anti-Aging-Cremes, die nur dein Budget magisch reduzieren: Auf all das kannst du bei Green Eating verzichten, denn hier isst du dich jeden Tag satt, schlank und schön. Kohlenhydrate, die lange sättigen, Antioxidantien, die deine Zellen schützen, Beauty-Vitamine C und E – sie alle sind hier reichlich vertreten. Und auch der Anti-Aging-Superstar Folsäure sowie die mineralischen Schlankmacher Magnesium und Kalium finden sich zuhauf in grünem (Blatt-)Gemüse. Entgiften ganz nebenbei, stell dir das vor – das wohl natürlichste Slim Food der Welt wartet auf dich!

Ab in die Küche statt Apotheke

Im Winter wirst du nur Rotznase genannt? Du bist häufig ausgelaugt und müde? Entzündungen und Wunden brauchen Ewigkeiten, bis sie ausgeheilt sind? Dann greif doch mal zu mehr Grün anstatt zu mehr Tabletten! Neben Vitaminen und Mineralien stecken sie nämlich auch voller sekundärer Pflanzenstoffe. Diese Wirkstoffe schützen die Pflanze unter anderem vor schädlichen Einflüssen und Fressfeinden. Und auch uns halten sie Krankheiten und Bakterienbefall vom Leib. Flavonoide, Carotinoide, Senfölglycoside & Co. wirken antibakteriell und entzündungshemmend, bekämpfen zellschädigende, freie Radikale und Krebszellen gleichermaßen, regenerieren unsere Zellen und stärken unsere Abwehr. Kurzum: Pflanzengrün schenkt uns die Zauberkräfte der Natur!

Pure-Joy-Schicht-Smoothie

Dieser Smoothie lässt sich löffeln, bewundern, schlürfen, teilen – und vor allem: genießen! Gerade für grüne Smoothie-Newbies eine klare Empfehlung.

FÜR 2 GLÄSER
ZUBEREITUNGSZEIT: 15 MIN.
PRO GLAS: CA. 260 KCAL |
8 G E | 8 G F | 37 G KH

→ ½ Mango
→ 1 Kiwi
→ 1 Handvoll Spinat
→ 250 g Joghurt
→ 1 Banane
→ 150 g Himbeeren
→ 2 TL Honig
→ 2 TL heller Sesam

1. Mangohälfte schälen, das Fruchtfleisch vom Stein schneiden, würfeln und in den Standmixer geben. Kiwi schälen, vierteln und zur Mango in den Mixer geben. Spinat waschen, trocken schütteln, grob hacken und ebenfalls ab in den Mixbehälter.

2. 150 g Joghurt hinzufügen und alles im Mixer fein pürieren. Anschließend den Smoothie in zwei Gläser füllen und den Mixbehälter mit Wasser ausspülen.

3. Banane schälen und vierteln. Die Himbeeren verlesen und waschen. Beides mit dem übrigen Joghurt, dem Honig und dem Sesam in den Mixer geben und pürieren. Die Masse vorsichtig mit einem Löffel auf dem grünen Mix in den Gläsern verteilen und den Smoothie genießen.

Mix What You Love

Freestyle-Mixing leicht gemacht (für 2 große Gläser): 2 Handvoll grünes Blattgemüse treffen auf 200 g Obst und 250 ml Flüssigkeit in Form von Wasser, Pflanzendrink, Milch, Joghurt oder kaltem Kräutertee. Wer möchte, fügt noch ein paar Teelöffel Superfood-Pulver oder Samen hinzu. All das natürlich Pi mal Daumen und ganz nach dem eigenen Geschmack. Viel Spaß beim Ausprobieren!

Burning Pineapple-Detox

FÜR 2 GLÄSER
ZUBEREITUNGSZEIT: 10 MIN.
PRO GLAS: CA. 265 KCAL |
11 G E | 3 G F | 44 G KH

→ 3 Handvoll Brennnesseln
→ 2 Handvoll Spinat
→ ½ Ananas
→ 2 Orangen
→ 1 Stück Bio-Ingwer (ca. 2 cm lang)
→ 1 Stück Bio-Kurkuma (ca. 3 cm lang)
→ ½ TL Spirulina (optional)

1. Küchenhandschuhe anziehen und die Brennnesseln waschen. Spinat ebenfalls waschen, beides trocken schütteln und grob hacken. Ananas schälen, vom Strunk befreien und das Fruchtfleisch würfeln. Orangen schälen und vierteln. Ingwer und Kurkuma waschen und halbieren.

2. Alle Zutaten nach und nach in den laufenden Entsafter geben. Dabei grünes Blattgemüse abwechselnd mit Obststücken hineingeben, um dem Entsafter die Arbeit zu erleichtern. Den Saft anschließend in zwei Gläser füllen. Nach Belieben für den Extra-Detox-Boost noch Spirulina in den Saft rühren und genießen.

Mix dir Saft!

Auf S. 53 erfährst du, wie du auch ohne Entsafter in der Küche einen leckeren grünen Saft herstellst – deinem Mixer sei dank!

Immunbooster-Juice

FÜR 2 GLÄSER
ZUBEREITUNGSZEIT: 15 MIN.
PRO GLAS: CA. 110 KCAL |
4 G E | 2 G F | 19 G KH

- → 2 Handvoll Grünkohl
- → 2 Handvoll Kohlrabi-Blätter
- → 2 Blätter Weißkohl (ersatzweise Spitzkohl)
- → 1 Apfel
- → 4 Mandarinen
- → 1 Limette

1. Grünkohl und die Kohlrabi-Blätter waschen, trocken schütteln und grob hacken. Kohlblätter waschen, trocken schütteln und klein schneiden. Den Apfel waschen und vierteln, die Mandarinen schälen und vierteln.

2. Alle Zutaten langsam in den laufenden Entsafter füllen, Blätter- und Obstanteile dabei im Wechsel hineingeben. Den Saft anschließend in zwei Gläser füllen. Limette halbieren, den Saft von je 1 Hälfte über einem Glas auspressen, unterrühren und den Saft sofort servieren.

Good to Know

Bei Bio-Mandarinen kannst du ruhig die Schale von zwei Mandarinen mitentsaften. Sie ist zwar ziemlich bitter, enthält dafür aber reichlich vom natürlichen Fatburner Nobiletin.

Cremiger Weizengras-Smoothie

FÜR 2 GLÄSER
ZUBEREITUNGSZEIT: 15 MIN.
PRO GLAS: CA. 260 KCAL |
5 G E | 16 G F | 25 G KH

→ 1 Birne
→ 1 Banane
→ 1 Bio-Avocado
→ 1 kleine Handvoll Weizengras (s. S. 65; ersatzweise 1 EL Weizengraspulver)
→ 1 Handvoll Feldsalat
→ 3 Stängel Minze
→ 200 ml Kokosdrink

1. Birne waschen, nach Belieben vom Kerngehäuse befreien und in Stücke schneiden. Banane schälen und vierteln. Avocado halbieren, Kern entfernen und das Fruchtfleisch herauslöffeln. Vorbereitete Zutaten in den Standmixer geben.

2. Frisches Weizengras waschen, trocken schütteln und zerschneiden. Feldsalat und Minze waschen, beides trocken schütteln und die Minzblätter von den Stielen zupfen. Die grünen Zutaten zum Obst in den Mixbehälter geben. Kokosdrink zugießen und alles fein pürieren. Smoothie auf zwei Gläser verteilen und genießen.

So schmeckt's auch

Diesem Rezept kannst du auch 2 EL Aloe-Vera-Gel oder -Saft sowie 1 Prise Stevia-Pulver hinzufügen. Verwende dann nur 170 ml Kokosdrink. Aloe Vera schmeckt zwar etwas bitter, fördert dafür aber deine Verdauung, wirkt Magenkrankheiten entgegen, stärkt das Immunsystem und hilft bei Muskel- und Gliederschmerzen.

Sanft & entgiftend

Golden Matcha-Latte

Sunrise im Glas, das verspricht dir der grünste Latte der Welt. Zusammen mit reichlich Kurkuma schenkt er dir viel Energie, geistige Klarheit und innere Harmonie.

FÜR 2 GLÄSER
ZUBEREITUNGSZEIT: 20 MIN.
PRO GLAS: CA. 160 KCAL |
4 G E | 5 G F | 24 G KH

→ 1 Stück Bio-Kurkuma (ca. 4 cm lang)
→ 400 ml Mandeldrink
→ 1 Vanilleschote
→ 2 TL Reissirup
→ 1 TL Matcha-Pulver

AUSSERDEM
→ Matcha-Besen (optional)
→ Milchschäumer

1. Mindestens 120 ml Wasser im Wasserkocher zum Kochen bringen, dann in 10 Min. auf etwa 80° abkühlen lassen.

2. Unterdessen Kurkuma waschen und fein reiben. Den Mandeldrink zusammen mit etwa 2 TL Kurkuma in einem Topf erhitzen. Vanilleschote längs aufschlitzen, das Mark herauskratzen, zum Mandeldrink geben und die Mischung etwa 5 Min. leicht köcheln lassen. Mandeldrink vom Herd nehmen, durch ein Sieb in zwei Gläser gießen und je 1 TL Reissirup unterrühren.

3. Matcha-Pulver in eine kleine Schüssel geben und das erhitzte Wasser hinzugeben. Die Mischung mit einem Matcha- oder Schneebesen gut verrühren, bis sich alle Klümpchen aufgelöst haben.

4. Den Mandeldrink in den Gläsern mit einem Milchschäumer aufschäumen. Zum Schluss den Matcha vorsichtig mit einem Löffel hinzugeben und den Drink genießen.

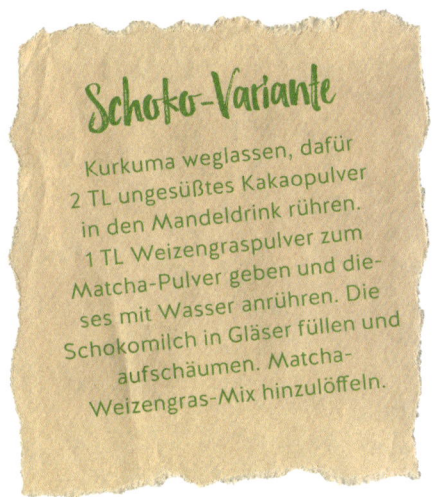

Schoko-Variante

Kurkuma weglassen, dafür 2 TL ungesüßtes Kakaopulver in den Mandeldrink rühren. 1 TL Weizengraspulver zum Matcha-Pulver geben und dieses mit Wasser anrühren. Die Schokomilch in Gläser füllen und aufschäumen. Matcha-Weizengras-Mix hinzulöffeln.

Hot Apple-Ginger

Mit diesem Tee haben Viren keine Chance bei dir! Genieß die antibakterielle Wirkung von Ingwer, Minze und Basilikum.

FÜR 2 GLÄSER
ZUBEREITUNGSZEIT: 15 MIN.
PRO GLAS: CA. 150 KCAL |
2 G E | 2 G F | 27 G KH

→ 1 Stück Bio-Ingwer (ca. 3 cm lang)
→ 1 Stück Bio-Kurkuma (ca. 2 cm lang)
→ 250 ml Apfelsaft
→ 4 Stängel Minze
→ 2 Stängel Basilikum
→ ½ Limette

1. Ingwer und Kurkuma waschen, grob reiben, mit 250 ml Wasser in einem Topf zum Kochen bringen und etwa 10 Min. köcheln lassen. Den Apfelsaft hinzugießen und den Tee ein letztes Mal zum Köcheln bringen, Topf vom Herd nehmen.

2. Minze und Basilikum waschen, trocken schütteln und auf zwei Gläser verteilen. Die Limettenhälfte über den beiden Gläsern auspressen. Heißen Ingwer-Kurkuma-Tee durch ein Sieb hinzugießen und genießen.

Kurkuma-Power

Kurkuma wirkt entzündungshemmend und schmerzlindernd. Außerdem ist sie ein Power-Antioxidanz und stärkt die Leber, eines der wichtigsten Detoxorgane. Bio-Kurkuma und -Ingwer nur waschen, nicht schälen, so nimmst du ein Maximum an Inhaltsstoffen auf!

Grün durchs Jahr

KEEP IT FRESH AND GREEN – INDEM DU
DEINE KÜCHE MIT ALL DEN SCHÖNEN
DINGEN FÜLLST, DIE DIREKT UM DICH
HERUM WACHSEN!

Saisonal und regional

Erdbeeren und Tomaten im Winter? Die haben einen wahnsinni-
gen Weg hinter sich, sehen zwar ganz nett aus, schmecken aber
nach nichts. Ganz anders ist das im Sommer, wenn sie vom
nächsten Feld direkt auf deinem Teller landen. Die bewusste
Entscheidung für saisonale Produkte ist eine Entscheidung für
kürzere Transportwege und Lagerzeiten – und damit auch für
einen schmalen CO_2-Fußabdruck. Außerdem fördert sie eine
kunterbunte Landwirtschaft direkt vor deiner Tür.

Essen im Bio-Rhythmus

Nur die robustesten Gemüsesorten trotzen dem Winter hierzulande. Dafür
versorgen sie dich aber auch mit einer Extra-Portion an Vitalstoffen und einem
besonderen Boost für dein Immunsystem. Mit steigenden Temperaturen sprießt
das Leben aus der Erde wie Unkraut! Und genau das kannst du im Frühjahr am
besten sammeln, denn die meisten Wildkräuter haben nun Saison, sind
jung und damit weniger faserig oder bitter.

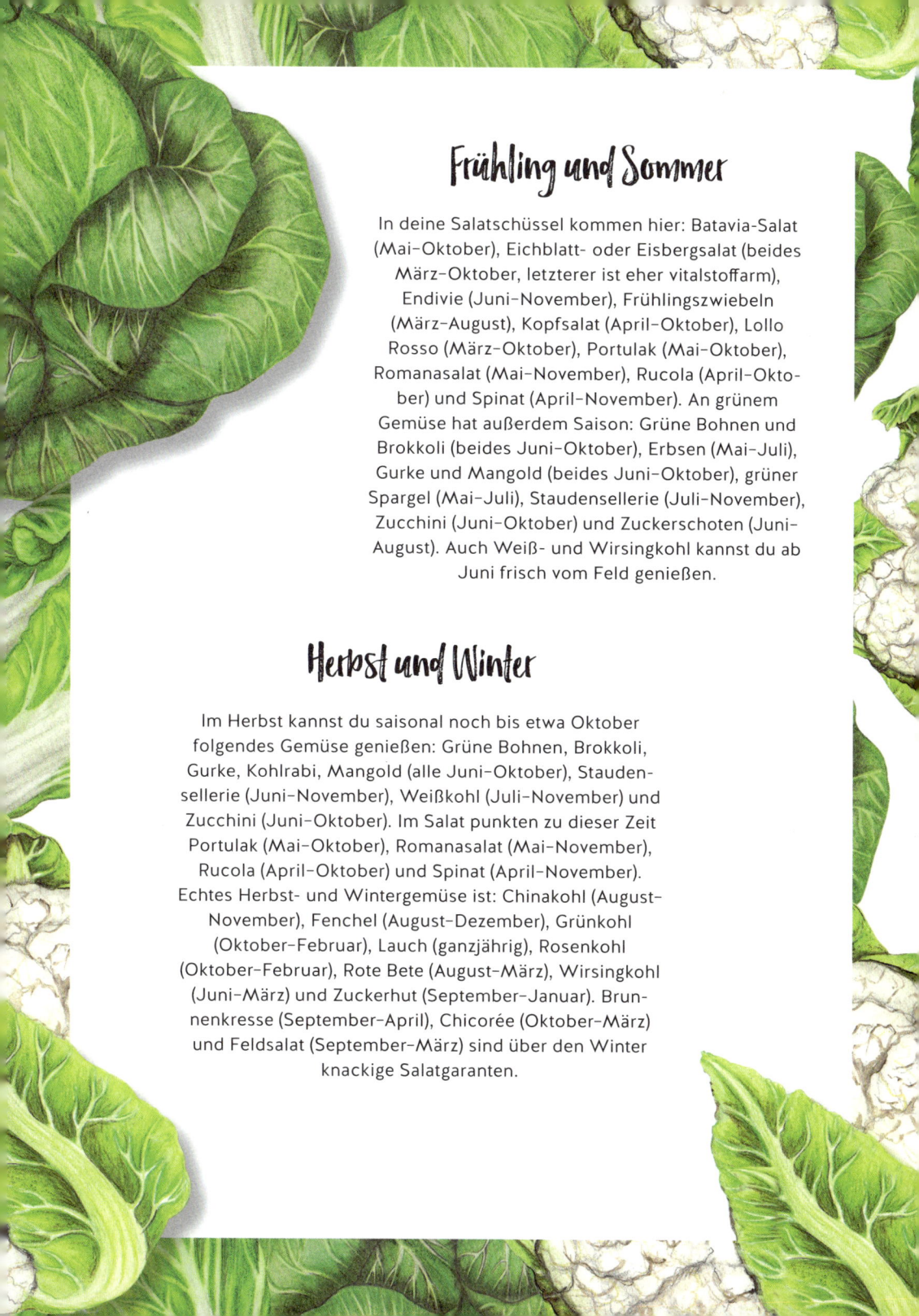

Frühling und Sommer

In deine Salatschüssel kommen hier: Batavia-Salat (Mai–Oktober), Eichblatt- oder Eisbergsalat (beides März–Oktober, letzterer ist eher vitalstoffarm), Endivie (Juni–November), Frühlingszwiebeln (März–August), Kopfsalat (April–Oktober), Lollo Rosso (März–Oktober), Portulak (Mai–Oktober), Romanasalat (Mai–November), Rucola (April–Oktober) und Spinat (April–November). An grünem Gemüse hat außerdem Saison: Grüne Bohnen und Brokkoli (beides Juni–Oktober), Erbsen (Mai–Juli), Gurke und Mangold (beides Juni–Oktober), grüner Spargel (Mai–Juli), Staudensellerie (Juli–November), Zucchini (Juni–Oktober) und Zuckerschoten (Juni–August). Auch Weiß- und Wirsingkohl kannst du ab Juni frisch vom Feld genießen.

Herbst und Winter

Im Herbst kannst du saisonal noch bis etwa Oktober folgendes Gemüse genießen: Grüne Bohnen, Brokkoli, Gurke, Kohlrabi, Mangold (alle Juni–Oktober), Staudensellerie (Juni–November), Weißkohl (Juli–November) und Zucchini (Juni–Oktober). Im Salat punkten zu dieser Zeit Portulak (Mai–Oktober), Romanasalat (Mai–November), Rucola (April–Oktober) und Spinat (April–November). Echtes Herbst- und Wintergemüse ist: Chinakohl (August–November), Fenchel (August–Dezember), Grünkohl (Oktober–Februar), Lauch (ganzjährig), Rosenkohl (Oktober–Februar), Rote Bete (August–März), Wirsingkohl (Juni–März) und Zuckerhut (September–Januar). Brunnenkresse (September–April), Chicorée (Oktober–März) und Feldsalat (September–März) sind über den Winter knackige Salatgaranten.

>> Ein gutes
Essen
ist Balsam
für die Seele. <<

SPRICHWORT AUS TADSCHIKISTAN

Kale-Sunshine-Smoothie-Bowl

FÜR 2 PERSONEN
ZUBEREITUNGSZEIT: 10 MIN.
PRO PORTION: CA. 390 KCAL |
11 G E | 8 G F | 64 G KH

→ 2 Handvoll Grünkohl
→ ½ Ananas
→ 1 Banane
→ 2 EL Chia-Samen
→ 2 EL zarte Haferflocken
→ 4 getrocknete Datteln (entsteint)
→ 120 ml Reisdrink
→ 2 EL Goji-Beeren

1. Grünkohl waschen, trocken schütteln und grob hacken. Ananashälfte schälen, vom Strunk befreien und würfeln. 1 kleine Handvoll Ananaswürfel beiseitestellen, den Rest zusammen mit dem Grünkohl in den Standmixer füllen. Banane schälen, vierteln und hinzugeben.

2. Die Chia-Samen, Haferflocken und die entsteinten Datteln hinzufügen. Reisdrink dazugießen und alles fein pürieren.

3. Smoothie auf zwei Schüsseln verteilen, mit den übrigen Ananaswürfeln sowie den Goji-Beeren garnieren und loslöffeln.

Berrylove Smoothie-Bowl mit Matcha

3. Den Mix in zwei Schüsseln füllen. Übrige Erdbeeren in Scheiben schneiden. Die Bowls mit Erdbeerscheiben und Hanfsamen garnieren und servieren.

FÜR 2 PERSONEN
ZUBEREITUNGSZEIT: 10 MIN. |
EINWEICHZEIT: 8 STD. (ÜBER NACHT)
PRO PORTION: CA. 430 KCAL |
16 G E | 17 G F | 44 G KH

→ 3 EL Buchweizen
→ ¼ Bio-Avocado
→ 1 Banane
→ 300 g Erdbeeren
→ 1 TL Matcha-Pulver
→ 2 TL Kokosöl
→ 2 TL Leinsamen
→ 2 TL Kokosblütenzucker
→ 2 EL Hanfmehl (ersatzweise Hanfproteinpulver)
→ 100 ml Milch
→ 1 EL geschälte Hanfsamen

1. Buchweizen in eine Schüssel geben und über Nacht in der doppelten Menge Wasser einweichen. Morgens das Einweichwasser abgießen, den Buchweizen in einem Sieb durchspülen und in den Standmixer geben. Avocado schälen und das Fruchtfleisch in den Mixer geben (restliche Avocado samt Kern in den Kühlschrank packen – so wird sie nicht so schnell braun). Banane schälen, vierteln und in den Mixer geben.

2. Die Erdbeeren waschen und das Grün entfernen. 2 Erdbeeren für die Deko beiseitelegen. Den Rest zusammen mit den anderen Zutaten bis auf die Hanfsamen in den Mixer geben und fein pürieren.

Grüne Beeren

Bei Bio-Erdbeeren musst du das Grün nicht entfernen, sondern kannst es mitverwenden. Mehr Grün, weniger Müll!

Purple Power-Oats

Violett ist die Heilfarbe für unser Seelenleben. Mystisch, magisch, Klarheit und mehr innere Balance bringend. Und in Form dieses Frühstücks: Auch jede Menge Vitalstoffe spendend!

FÜR 2 PERSONEN
ZUBEREITUNGSZEIT: 15 MIN. |
EINWEICHZEIT: 8 STD. (ÜBER NACHT) |
PRO PORTION: CA. 380 KCAL |
11 G E | 16 G F | 45 G KH

FÜR DIE OVERNIGHT-OATS
→ 150 g Heidelbeeren
→ 150 ml Kokosdrink
→ 1 Msp. Zimtpulver
→ 80 g zarte Haferflocken

FÜR DIE SAUCE
→ 1 Banane
→ 2 Kopfsalatblätter
→ 2 TL Weizengraspulver (ersatzweise 1 kleines Büschel frisches Weizengras, s. S. 65)
→ 1 EL Leinsamen
→ 2 EL Kokosraspel

1. Für die Overnight-Oats Heidelbeeren waschen und trocken tupfen. Kokosdrink mit 120 g Heidelbeeren und dem Zimt im Standmixer fein pürieren. Haferflocken in einem verschließbaren Gefäß gut mit der Mischung aus dem Mixer vermengen und im Kühlschrank über Nacht quellen lassen.

2. Am nächsten Morgen die Oats aus dem Kühlschrank nehmen. Für die Sauce die Banane schälen, Kopfsalatblätter waschen und in kleine Stücke zupfen.

3. Beides zusammen mit Weizengraspulver, Leinsamen, 1 EL Kokosraspeln und 3 EL Wasser im Standmixer oder mit dem Pürierstab fein pürieren.

4. Overnight-Oats verrühren und auf zwei Schüsseln verteilen. Etwas grüne Sauce auf die Oats geben. Die Bowls mit den restlichen Heidelbeeren und Kokosraspeln garnieren und genussvoll löffeln.

Sei schlau – iss blau!

Anthocyane zählen zu den sekundären Pflanzenstoffen (s. S. 123). Ihnen verdanken wir die kraftvolle Färbung von Heidel- und Brombeeren, Kirschen und Rotkohl. Diese Phytonährstoffe sind eines der kraftvollsten Antioxidantien (s. freie Radikale S. 122) überhaupt. Sie schützen und regenerieren unsere Zellen, bekämpfen Fältchen und stärken den Körper gegen schädliche Einwirkungen aus der Umwelt.

Hirse-Obst-Salat mit Spinat und Löwenzahn

FÜR 2 PERSONEN
ZUBEREITUNGSZEIT: 20 MIN.
PRO PORTION: CA. 545 KCAL |
12 G E | 12 G F | 97 G KH

→ 50 g Hirse
→ ½ Granatapfel
→ 1 Pfirsich
→ 1 Banane
→ ½ Limette
→ 30 g Cashewkerne
→ 1 EL Honig
→ 200 g Joghurt
→ 1 Msp. Zimtpulver
→ 1 Handvoll Baby-Spinat
→ 4 Löwenzahnblätter

1. Hirse in ein Sieb geben, gut durchspülen und mit 200 ml Wasser in einem kleinen Topf zugedeckt zum Kochen bringen. Die Hirse anschließend etwa 7 Min. kochen, vom Herd nehmen und weitere 10 Min. zugedeckt ausquellen lassen.

2. In der Zwischenzeit die Granatapfel-hälfte halbieren und die Kerne herauslösen – am besten in einer Schüssel voll Wasser, dann spritzt es weniger. Pfirsich waschen, vierteln, vom Stein befreien und in feine Scheiben schneiden. Die Banane schälen und in Scheiben schneiden.

3. Das Obst in eine Schüssel geben, den Limettensaft hinzupressen und dann den Schüsselinhalt gut vermengen.

4. Die Cashews und die noch warme Hirse zum Obstsalat geben und alles vermengen. Honig und Joghurt untermischen und den Salat mit dem Zimtpulver abschmecken. Spinat und Löwenzahnblätter waschen, trocken schütteln und den Löwenzahn klein schneiden. Beides zum Salat geben, unterheben und den Salat sofort servieren.

Volle Hirse-Power

Hirse ist noch immer ziemlich unterbewertet. Das Dreifache an Eisen im Vergleich zu Weizen steckt in ihr, zudem jede Menge Kieselsäure (happy skin, happy nails!). Plus: Sie wächst auch hier-zulande, muss also nicht aus der Ferne herangeschifft werden.

Popeye-Pancakes mit Beeren

Pancakes zum Frühstück! Oder nach dem Mittagessen! Egal! Viel wichtiger ist bei diesen Küchlein: Sie sind weizenfrei, easy-peasy, und mogeln noch eine ordentliche Portion Grünzeug in den Alltag.

FÜR 2 PERSONEN
ZUBEREITUNGSZEIT: 20 MIN.
PRO PORTION: CA. 470 KCAL |
14 G E | 24 G F | 47 G KH

→ 2 Handvoll Spinat
→ 1 Ei
→ 80 ml Milch
→ 2 ½ EL Kokosöl
→ 2 EL Honig
→ 1 TL gemahlene Bourbon-Vanille
→ 80 g zarte Haferflocken
→ Salz
→ 200 g Himbeeren
→ 1 EL Mandelblättchen

1. Spinat verlesen, waschen, trocken schütteln und grob hacken. Spinat zusammen mit dem Ei, Milch, 1 EL Kokosöl und 1 EL Honig in den Standmixer geben und fein pürieren, bis keine Spinatstückchen mehr vorhanden sind. Vanille, Flocken und 1 Prise Salz hinzufügen und alles zu einem dünnflüssigen Teig pürieren.

2. 2 TL Öl in einer großen Pfanne erhitzen. Je 2–3 EL Teig pro Pancake (ca. 8 cm ⌀) in die Pfanne geben, dabei mehrere Pancakes gleichzeitig bei mittlerer Hitze 2–3 Min. von jeder Seite ausbacken. Vorgang wiederholen, bis der Teig aufgebraucht ist, dazwischen erneut Öl in die Pfanne geben.

3. Beeren waschen, trocken tupfen und zusammen mit den warmen Pancakes auf zwei Tellern anrichten. Restlichen Honig darüberträufeln, Mandelblättchen aufstreuen und die Pancakes sofort servieren.

Coconut-Cream de luxe

Für ein cremiges Topping einfach 1 Dose Kokosmilch über Nacht in den Kühlschrank stellen. Die feste Creme aus der Dose in einen Standmixer löffeln (das Kokoswasser umfüllen und trinken oder zu einem Smoothie geben), ½ TL gemahlene Bourbon-Vanille sowie 1 EL Honig dazugeben und den Mixer-Inhalt auf niedriger Stufe beginnend und die Geschwindigkeit langsam erhöhend cremig aufmixen.

Spinat & Mangold

Studien belegen es: Spinat macht wirklich stark! Im Training fördert er Muskelaufbau und -regeneration. Daneben zügelt er den Appetit und überzeugt mit seinem milden Geschmack. Mangold entwässert und entgiftet dank der Aminosäure Asparagin, die auch in Spargel enthalten ist. Und eine wahre Augenweide ist er obendrein.

Kräuter

In alten Klostergärten wurden sie als Heilkräuter angebaut, denn sie bieten reichlich heilende Phytonährstoffe. Die ätherischen Öle im Dill beruhigen und fördern die Verdauung, Flavonoide in Petersilie und Minze hemmen Entzündungen, Thymian unterstützt die Fettverdauung und macht Blähbäuchen ein Ende.

Green Wiki

Grünkohl

Dank der amerikanischen Health-Food-Bewegung findet Kale auch hierzulande wieder Beachtung. Schonend getrocknet als Chips (s. S. 36), roh in Salaten oder leicht blanchiert für Veggie-Bowls liefert er viel Eisen, Kalzium, Vitamin A und E sowie Unmengen an Antioxidantien.

Avocado

Sie senkt den Cholesterinspiegel, liefert reichlich Energie und unterstützt den Körper sogar bei der Verdauung von Fetten und der Aufnahme von Vitalstoffen. Der Hype um die grüne Superfrucht hat jedoch auch Kehrseiten: lange Transportwege in Kühlcontainern, illegale Abrodungen für mehr Anbaufläche, ein sehr hoher Wasserverbrauch beim Anbau und mineralische Dünger, die Boden und Grundwasser verseuchen. Kaufe deshalb am besten stets Bio-Avocados, die möglichst kurze Wege hinter sich haben, also zum Beispiel aus Spanien kommen.

Lauch

Allicin sorgt für den Zwiebelgeruch von Lauch – und auch für seine verdauungsfördernde und antibakterielle Wirkung. Daneben wirken Senföle entwässernd und schwefelhaltige Stoffe regenerierend. Tipp: Öfter mal roh genießen, denn er enthält viel hitzeempfindliches Vitamin C!

Brokkoli

Sein Kalzium stärkt die Knochen und fördert die Entwässerung, Mangan spielt eine wesentliche Rolle für viele Enzyme im Körper und beeinflusst damit das Bindegewebe und den Zuckerstoffwechsel. Der reichlich enthaltene Beauty-Vitalstoff Vitamin C ist zentral für Immunsystem, Bindegewebe und Fettabbau.

Feldsalat

Vor allem als Freilandware ist er der eisenreichste Blattsalat. Ebenfalls top sind seine Gehalte an Vitamin C, Folsäure, Kalzium, Kalium und Magnesium. Er eignet sich gut für milde grüne Smoothies.

Spinatbällchen

FÜR 2 PERSONEN
ZUBEREITUNGSZEIT: 20 MIN. |
BACKZEIT: 20 MIN.
PRO PORTION: CA. 350 KCAL |
20 G E | 14 G F | 34 G KH

→ 300 g Spinat
→ Salz
→ 1 Knoblauchzehe
→ 70 g Emmentaler
→ 1 Ei
→ Pfeffer
→ 90 g (Vollkorn-)Semmelbrösel

1. Den Backofen auf 180° vorheizen und ein Backblech mit Backpapier auslegen. Spinat waschen, trocken schütteln und die Stiele entfernen. In einem großen Topf Wasser mit Salz zum Kochen bringen, anschließend den Spinat hineingeben und bei mittlerer Hitze etwa 3 Min. blanchieren.

2. Spinat in ein Sieb gießen und abtropfen lassen. In einem Küchen- oder Seihtuch die restliche Flüssigkeit auspressen. Spinat fein hacken und in eine Schüssel geben. Knoblauch schälen und fein hacken. Den Emmentaler reiben, beides zum Spinat in die Schüssel geben. Das Ei sowie etwas Salz und Pfeffer hinzugeben. Semmelbrösel untermengen und alle Zutaten zu einer zähen Masse vermischen.

3. Mit einem Esslöffel etwas Teig abstechen und mit den Händen zu einem Bällchen rollen. Das Bällchen aufs Backblech legen und diesen Vorgang wiederholen, bis der gesamte Teig verarbeitet ist.

4. Die Bällchen im heißen Ofen (Mitte) 15–20 Min. backen, bis sie außen fest und innen noch cremig-weich sind. Fertige Spinatbällchen aus dem Ofen holen und warm oder kalt mit Dips, Pesto oder dem Edamame-Hummus (s. S. 44) genießen.

Taste the Waste

Semmelbrösel müssen nicht aus der Packung kommen! Indem du sie selbst herstellst, vermeidest du sowohl unnötigen Verpackungsmüll als auch die Verschwendung kostbarer Lebensmittel. Nimm altbackene Brötchen, Vollkornbrotkanten, Brezeln oder Baguette – ruhig in einem bunten Mix, und reibe sie fein mit einer Küchenreibe oder mit der Reibescheibe in der Küchenmaschine.

Cheesy-peasy

Kichererbsen-Mangold-Cracker

Diese Cracker machen süchtig! Aber bei all den guten Veggie-Zutaten ist das nichts, was gegen sie spricht, sondern nur für sie.

FÜR 18 CRACKER
ZUBEREITUNGSZEIT: 15 MIN. |
BACKZEIT: 40 MIN. |
KÜHLZEIT: 10 MIN.
PRO STÜCK: CA. 50 KCAL |
3 G E | 3 G F | 2 G KH

→ 150 g Mangold
→ 1 Knoblauchzehe
→ 1 Stück Bio-Kurkuma (ca. 1 cm lang; optional)
→ 240 g Kichererbsen (aus der Dose)
→ 3 EL Kokosmilch
→ 1 EL Kokosöl
→ 4 EL gemahlener Leinsamen (ersatzweise Leinmehl, s. S. 123)
→ 3 EL Kokosraspel
→ ½ Zitrone
→ 1 TL Agavensirup
→ Salz

1. Den Backofen auf 180° vorheizen. Ein Backblech mit Backpapier auslegen. Den Mangold waschen, trocken schütteln und hacken. Knoblauch schälen und halbieren. Kurkuma waschen und vierteln.

2. Mangold, Knoblauch, Kurkuma, die Kichererbsen, Kokosmilch, Kokosöl, die Leinsamen und Kokosraspel in die Küchenmaschine mit Schneidemesser oder in den Blitzhacker füllen. Saft der Zitronenhälfte dazupressen, Agavensirup sowie ½ TL Salz dazugeben und alle Zutaten zu einer sehr zähen Masse verarbeiten.

3. Den Teig mit einem Löffel oder Spatel gleichmäßig auf der gesamten Backblechfläche dünn zu einer zusammenhängenden Platte verteilen. Die Teigplatte 35–40 Min. im Ofen (Mitte) backen, bis sie ausgehärtet ist, dann aus dem Ofen holen und etwa 10 Min. auskühlen lassen, bevor sie mit einem scharfen Messer zu Crackern geschnitten wird. Die Kichererbsen-Mangold-Cracker halten sich luftdicht verpackt in einer Blechdose mindestens 1 Woche.

Green Powders!
In diesen Crackern lassen sich wunderbar auch grüne Superfood- und Wildkräuterpulver verstecken. Für eine Extraportion Green Power füge zum Mix in der Küchenmaschine 2 TL Weizengraspulver, 1 EL Hanfmehl oder 1 Msp. Spirulina hinzu. Auch 2 TL Moringapulver (s. S. 123) kannst du hier wunderbar ergänzen.

Crispy Veggie-Chips

Snacks schmecken sooo viel besser, wenn sie ohne eine fette Schicht schlechtes Gewissen serviert werden. Deshalb: Probier doch einfach mal diese Chips anstelle der Tütenchips aus dem Supermarkt!

FÜR 4 PERSONEN
ZUBEREITUNGSZEIT: 20 MIN. |
BACKZEIT: 1 STD. 15 MIN.
PRO PORTION: CA. 355 KCAL |
18 G E | 26 G F | 11 G KH

→ 300 g Grünkohl
→ 150 g Sonnenblumenkerne
→ 1 Knoblauchzehe
→ ½ Zitrone
→ 2 EL Tahin
→ 3 EL Hefeflocken
→ 2 EL Apfelessig
→ 1 Msp. Chilipulver
→ 2 TL getrockneter Thymian
→ Salz

1. Grünkohl waschen, trocken schütteln, die Blätter in mundgerechte Stücke zupfen und in eine Schüssel geben. Den Backofen auf 150° Umluft vorheizen. Zwei Backbleche mit Backpapier auslegen.

2. Sonnenblumenkerne in den Blitzhacker geben. Knoblauch schälen, vierteln und hinzugeben. Saft der Zitronenhälfte ebenfalls hinzupressen. Die übrigen Zutaten sowie 6 EL Wasser hinzufügen, kräftig salzen und alles fein pürieren. Die Masse zum Grünkohl geben, mit den Händen gut vermengen und einmassieren.

3. Den Grünkohl großflächig auf den Backblechen verteilen und beide Bleche gleichzeitig – eines auf der 2. Schiene von oben und eines auf der 2. Schiene von unten – für 1–1¼ Std. in den Backofen schieben. Chips dabei nach etwa 30 Min. mit einem Löffel auflockern. Chips aus dem Ofen holen, wenn sie knusprig sind und allmählich beginnen zu bräunen, abkühlen lassen und luftdicht in einer Blech- oder Frischhaltedose verpackt aufbewahren. Sie halten sich mindestens 1 Woche.

Flower-Power für dich

Sonnenblumenkerne sind eine großartige Alternative zu Nüssen. Sie sind nicht nur günstiger, sondern liefern uns besonders viel Folsäure, Magnesium und B-Vitamine für starke Nerven, gesunde Haut, kräftiges Haar und einen reibungslos funktionierenden Stoffwechsel.

Matcha

Was Matcha aus der Menge an grünen Tees herausstechen lässt: Bei ihm nehmen wir alle Inhaltsstoffe auf, da das gesamte Teeblatt (in gemahlener Form) getrunken wird. Sein hoher Gehalt an hoch verträglichem Koffein und L-Theanin bringt Energie und geistige Klarheit. Tipp: Am besten im Kühlschrank aufbewahren.

Algen

Ihr extrem hoher Gehalt an Chlorophyll, Beta-Carotin, Protein und Omega-3-Fettsäuren macht sie zum Vorreiter der Future Foods. Die Makroalgen Nori, Wakame und Dulse sowie die Mikroalgen Chlorella, Spirulina und AFA-Algen umhüllen deinen Wrap und ergänzen deinen Salat oder eine Bowl mit Nährstoffen.

All About Green Superfoods

HOL DIR GRÜNE SUPERFOODS IN DEINE KÜCHE! SIE ÜBERZEUGEN NÄMLICH DURCH EINE BESONDERS HOHE NÄHRSTOFFDICHTE, SODASS SCHON EIN PAAR LÖFFEL IM SMOOTHIE ODER SALAT EIN GROSSES PLUS AN VITALITÄT MIT SICH BRINGEN.

Getreidegräser

Getreidegräser haben einen ähnlichen Effekt auf dein Wohlbefinden wie Algen, überzeugen zugleich jedoch mit ihrem milden Geschmack und einem dezenten Lakritz-Aroma. Im Stadium zwischen Keimling und Ähre explodiert ihr Nährstoffgehalt und so versorgen sie uns mit mehr als 100 pflanzlichen Vitalstoffen. Die Folge: Sie wirken stark basisch, beugen Krankheiten vor und schützen deine Gesundheit vor schädlichen Einflüssen.

Hanfsamen

Schon antike Zivilisationen in China und Ägypten, genau wie in Persien und Südamerika wussten das Nährstoff-potenzial von Hanf für sich zu nutzen. Zeit dieses Superfood wiederzuentdecken, denn in ihm stecken bis zu 30 Prozent Eiweiß, viele Antioxidantien, Omega-3-Fettsäuren, Chlorophyll, Vitamin E und B-Vitamine. All das mitsamt einer leicht nussigen Note, die Smoothies & Co. gut ergänzt.

Sprossen

Sprossen bergen bereits alles in sich, was die heranwachsende Pflanze zum Leben und Gedeihen benötigt. So verdoppelt bis verfünffacht sich ihr Gehalt an Vitaminen und Mineralien während dieser Zeit und auch sekundäre Pflanzenstoffe finden sich nirgends so geballt wie hier. Das Beste: Sie lassen sich easy-peasy zuhause in der Küche heranziehen!

Microgreens

Ähnlich wie bei den Sprossen sieht es mit Microgreens aus, junge Keime von Gemüse oder Kräutern, die drei bis vier Wochen auf etwas Erde herangezogen werden. Eine Anleitung dafür findest du auf Seite 47.

Zucchini-Saaten-Brot

FÜR 1 BROT (ERGIBT 20 SCHEIBEN)
ZUBEREITUNGSZEIT: 25 MIN. |
RUHEZEIT: 2 STD. |
BACKZEIT: 1 STD. 25 MIN.
PRO SCHEIBE: CA. 235 KCAL |
9 G E | 15 G F | 14 G KH

→ 250 g Zucchini
→ 100 g Mandeln
→ 60 g Kokosöl
→ 200 g Sonnenblumenkerne
→ 160 g Leinsamen
→ 400 g kernige Haferflocken
→ 4 EL Chia-Samen
→ 70 g Flohsamenschalen
→ Salz
→ 2 TL Honig

AUSSERDEM
→ Kastenform mit 30 cm Länge
→ Kokosöl und Flohsamenschalen
   für die Form

1. Zucchini waschen, putzen, fein reiben und in einem sauberen Küchentuch ausdrücken, um möglichst viel Feuchtigkeit auszupressen. Mandeln fein hacken. Das Kokosöl in einem Topf bei niedriger Hitze schmelzen, falls es fest ist.

2. Alle trockenen Zutaten und 1 TL Salz in eine Schüssel geben und mischen.

3. Das Kokosöl, Honig und 400 ml warmes Wasser in einer Schüssel vermengen. Die Zucchini und die Wasser-Mischung zu den trockenen Zutaten geben und alles zu einer zähflüssigen Masse vermengen. Falls nötig, noch etwas Wasser hinzugeben.

4. Die Kastenform mit etwas Kokosöl einfetten und mit Flohsamenschalen ausstreuen, den Teig hineingeben, glatt streichen und mindestens 2 Std. bei Zimmertemperatur ruhen lassen.

5. Den Backofen auf 175° Umluft vorheizen. Das Brot im heißen Backofen (Mitte) etwa 40 Min. backen. Dann das Brot vorsichtig aus der Form lösen, mit der Oberseite nach unten auf ein Backblech legen und weitere 40–45 Min. backen. Das Brot ist fertig, wenn es sich beim Klopfen hohl anhört.

6. Das Brot aus dem Ofen holen und komplett auskühlen lassen, bevor es geschnitten wird. Es hält sich etwa 4 Tage bei Zimmertemperatur. Es kann auch gut in Scheiben geschnitten und zur späteren Verwendung eingefroren werden.

Ballaststoff-Plus

Flohsamenschalen halten dieses Brot zusammen – und deinen Darm in Schwung! Sie sind eine großartige Ballaststoffquelle und unterstützen den Körper ganz sanft bei der Ausscheidung von Giftstoffen. Probier also einfach mal himmlisches Detox-Bread zum Frühstück.

Wildkräuter-Knoblauch-Butter

FÜR 10 PORTIONEN
ZUBEREITUNGSZEIT: 10 MIN. |
KÜHLZEIT: 2 STD.
PRO PORTION: CA. 190 KCAL |
0 G E | 21 G F | 0 G KH

→ 250 g zimmerwarme Butter
→ 3 Knoblauchzehen
→ 1 Handvoll Wildkräuter und Wild-
   blumen (z. B. Ringelblumen, Giersch,
   Löwenzahn, Bärlauch oder
   Gänseblümchen)
→ Salz

1. Die Butter in Würfel schneiden und in
eine Schüssel geben. Die Knoblauchzehen
schälen und dazupressen.

2. Wildkräuter und -blumen waschen,
trocken tupfen, fein hacken und mit
1 Prise Salz zur Butter geben. Alle Zutaten
in der Schüssel mit einer Gabel oder den Knet-
haken des Handrührgeräts vermengen.

3. Die Butter in eine Schale oder Frischhaltedose geben und mindestens 2 Std.
kühlen. Alternativ kann die Butter auch auf
etwas Backpapier zu einer Rolle geformt
oder in ein kleines Glas gefüllt werden. Und
für kleine Portionen lässt sie sich wunderbar zur Platte formen, aus der mit Plätz-
chenformen Motive ausgestochen werden
können. Die Wildkräuter-Knoblauch-
Butter ist gekühlt etwa 1 Woche haltbar, im
Tiefkühlfach hält sie sich etwa 6 Monate.

Nussiger Kräuteraufstrich

FÜR 6 PORTIONEN
ZUBEREITUNGSZEIT: 30 MIN.
PRO PORTION: CA. 220 KCAL |
6 G E | 21 G F | 2 G KH

→ 100 g Mandeln
→ 60 g Sonnenblumenkerne
→ 1 Bund Petersilie
→ ½ Bund Bärlauch
→ 1 Kästchen Kresse
→ ½ Knoblauchzehe
→ 4 EL Sonnenblumenöl
→ Salz | Pfeffer

1. Mandeln und Sonnenblumenkerne in einer Pfanne ohne Fett unter Rühren 3–4 Min. rösten, dann in eine Schüssel geben und auskühlen lassen.

2. In der Zwischenzeit Petersilie und Bärlauch waschen und trocken schütteln. Die Petersilie von langen Stielen befreien und zusammen mit dem Bärlauch grob hacken. Kresse mit einer Küchenschere abschneiden, waschen und abtropfen lassen. Knoblauch schälen.

3. Die Mandeln und Sonnenblumenkerne zusammen mit dem Sonnenblumenöl und dem Knoblauch im Blitzhacker pürieren. Kräuter nach und nach hinzufügen. Den Aufstrich zum Schluss mit Salz und Pfeffer abschmecken. Er hält sich luftdicht verpackt etwa 2–3 Tage im Kühlschrank.

Édamame-Hummus

FÜR 4 PORTIONEN
ZUBEREITUNGSZEIT: 20 MIN.
PRO PORTION: CA. 235 KCAL |
12 G E | 17 G F | 10 G KH

→ 300 g TK-Edamame (geschält)
→ Salz
→ 3 EL Tahin
→ ½ Zitrone
→ 4 Stängel Koriander
→ 1 Knoblauchzehe
→ 2 EL Olivenöl

Japanese Superfood

Edamame kennst du vielleicht schon gesalzen als Vorspeise zum Sushi. Sie sind reich an den Vitaminen A und E, Kalzium sowie Eisen, und liefern dir alle essenziellen Aminosäuren. Das macht sie gerade auch bei veganer und vegetarischer Ernährung zu einer sprichwörtlich runden Sache. Du erhältst sie tiefgekühlt in Asialäden und in immer mehr Bio-Märkten.

1. Die gefrorenen Edamame in etwa die doppelte Menge kochendes Salzwasser geben, etwa 5 Min. kochen, dann in ein Sieb abgießen und in die Küchenmaschine mit Schneidemesser oder in den Blitzhacker geben. Tahin, etwas Salz sowie 3–4 EL Wasser hinzugeben und den Saft der Zitronenhälfte hinzupressen. Alles zu einer zähflüssigen Masse pürieren.

2. Koriander waschen, trocken schütteln und hacken. Knoblauchzehe schälen und ebenfalls hacken. Beides mit in die Küchenmaschine oder in den Blitzhacker zum Hummus geben und kurz pulsierend mixen. Bei laufendem Motor zuletzt langsam das Öl hinzugießen, bis alles gut vermengt ist. Das Hummus hält sich luftdicht verpackt 1–2 Tage im Kühlschrank, lässt sich aber auch wunderbar einfrieren.

Hummus reloaded

Do it yourself

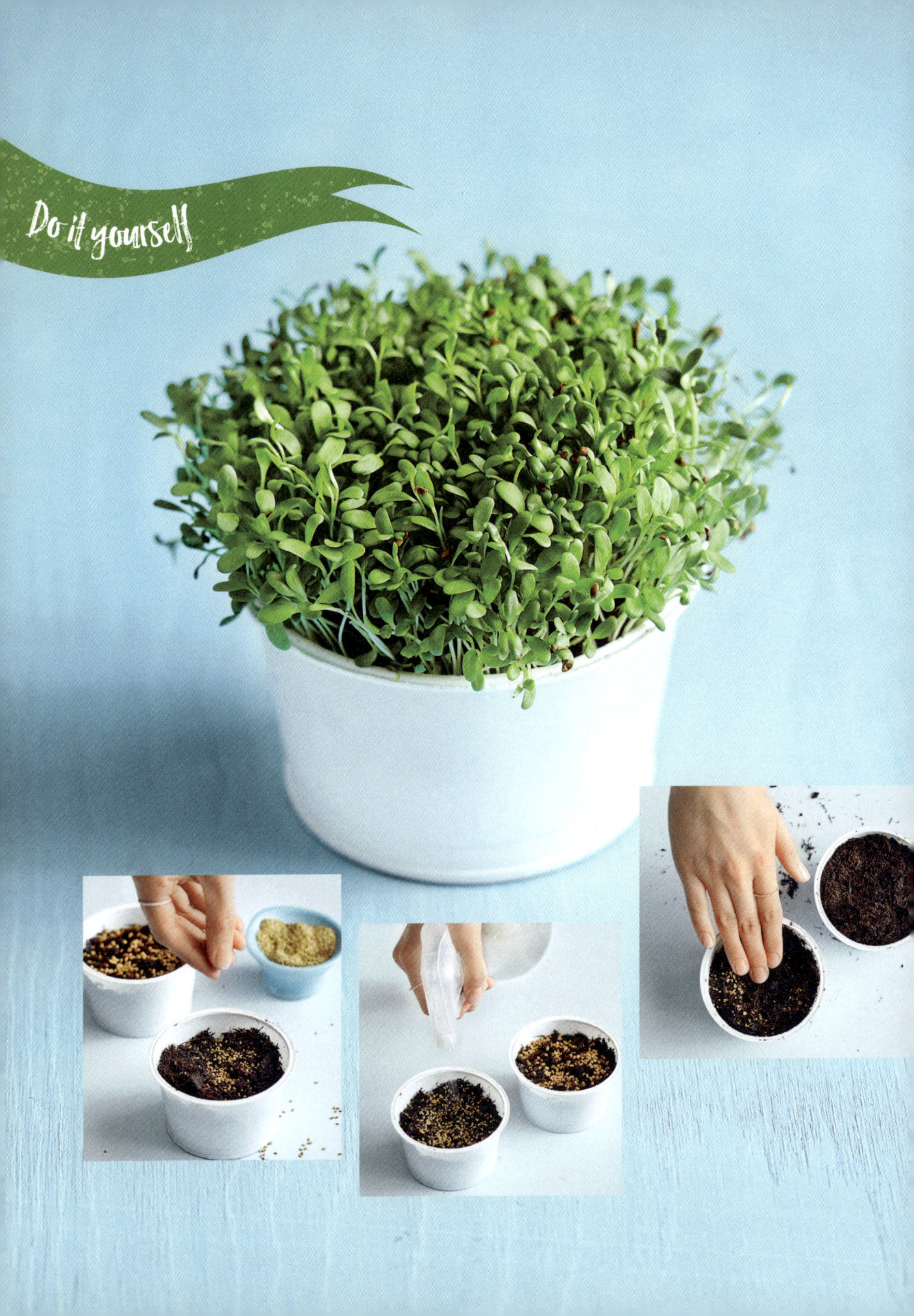

Microgreens selber anbauen

Warum Brokkoli, Rotkohl & Co. als Microgreens genießen? Ganz einfach: Ihr Vitamingehalt schlägt den der ausgewachsenen Kollegen um Längen!

FÜR CA. 3 HANDVOLL GRÜN
- → Konservendosen oder große Joghurtbecher mit Löchern im Boden
- → je nach Gefäßgröße einige Handvoll (Bio-)Anzuchterde
- → 2 EL Bio-Keime (z.B. Brokkoli-, Alfalfa-, Bockshornklee-, Fenchel-, Mangold- oder Rotkohlsamen)
- → Sprühflasche zum Befeuchten (optional)

1. Tag 1: Pflanzgefäß zu drei Vierteln mit Erde füllen. Samen gleichmäßig darauf verteilen, befeuchten, mit etwas Erde bedecken und erneut befeuchten.

2. Tage 2–31: Keimlinge ein- bis zweimal täglich befeuchten. Sobald die Keimlinge zu sehen sind, freuen sie sich täglich über einige Stunden Sonne. Direktes Sonnenlicht sollte auf 1–2 Std. begrenzt werden. Geerntet wird nach etwa 3–4 Wochen. Die Microgreens halten sich frisch geschnitten in einer Frischhaltedose aufbewahrt 1–2 Tage im Kühlschrank.

So vielfältig!

Microgreens sind in der Verwendung total unproblematisch. Du kannst sie für Salate, Smoothies, Bowls und mehr nutzen. Jedes Gericht, das etwas Grün verträgt, wird durch selbst gezogene Microgreens so richtig rund und nährstoffreich. Wenn du deine Küche und deinen Balkon allmählich in eine Microgreens-Oase verwandelst, ist es sinnvoll, alle Behälter und Töpfe stets mit Namen und Pflanzdatum zu versehen. So behältst du den Überblick und weißt auch immer direkt, in welchem Keimzustand sich die jeweiligen Samen gerade befinden.

Avocado-Mango-Dip

FÜR 6 PORTIONEN
ZUBEREITUNGSZEIT: 10 MIN.
PRO PORTION: CA. 105 KCAL |
1 G E | 8 G F | 6 G KH

→ 1 ½ Bio-Avocados
→ 1 Mango
→ ½ Limette
→ ½ rote Chilischote
→ 1 TL heller Sesam
→ 4 EL Joghurt
→ ½ TL Currypulver
→ Salz

1. Avocados halbieren, die Kerne entfernen und das Fruchtfleisch aus den Schalen in einen hohen Rührbecher oder in einen Standmixer löffeln. Mango schälen, das Fruchtfleisch in kleinen Stücken vom Stein schneiden und zur Avocado geben. Den Saft der Limettenhälfte dazupressen. Die Chilischote halbieren, die Kerne entfernen, die Hälften waschen, klein schneiden und ebenfalls hinzufügen.

2. Sesam, Joghurt, Curry sowie 1 Prise Salz dazugeben und alles im Standmixer oder mit dem Stabmixer zu einer feinen Creme pürieren. Die Creme eventuell nochmals mit Salz abschmecken und als Dip oder als Aufstrich für Wraps oder Sandwiches verwenden. Die Creme hält sich gekühlt und luftdicht verpackt 2–3 Tage.

Scharfer Erdnuss-Orangen-Dip

FÜR 4 PORTIONEN
ZUBEREITUNGSZEIT: 10 MIN.
PRO PORTION: CA. 285 KCAL |
12 G E | 19 G F | 14 G KH

- → 2 Orangen
- → ½ Limette
- → 1 Stück Bio-Ingwer (ca. 1 cm lang)
- → 4 Stängel Thai-Basilikum
  (ersatzweise Basilikum)
- → 150 g Erdnussmus
- → 1 EL Sojasauce
- → 1 EL flüssiger Honig
- → 1 Msp. Cayennepfeffer

1. Die Orangen halbieren und auspressen, Limettenhälfte ebenfalls auspressen. Den Ingwer waschen und fein reiben. Das Thai-Basilikum waschen, trocken schütteln, die Blätter abzupfen und diese fein hacken.

2. Die vorbereiteten Zutaten mit dem Erdnussmus und den restlichen Zutaten in einer Schüssel vermischen. Esslöffelweise so viel heißes Wasser hinzufügen, bis der Dip die gewünschte Konsistenz erreicht hat. Der Dip hält sich gekühlt und luftdicht verpackt etwa 3 Tage und schmeckt am besten zu Spring Rolls und Wraps (s. S. 82).

Brunnenkresse-Pesto mit Basilikum

Pesto schmeckt nicht nur zu Pasta. Es liebkost mit seiner cremigen Zartheit auch Zucchininudeln, Sandwiches, Wraps, Veggie-Bowls und vieles mehr.

FÜR 8 PORTIONEN
ZUBEREITUNGSZEIT: 15 MIN.
PRO PORTION: CA. 185 KCAL |
1 G E | 19 G F | 1 G KH

→ 50 g Walnusskerne
→ 70 g Brunnenkresse
→ 70 g Basilikum
→ 2 Knoblauchzehen
→ ½ Bio-Zitrone
→ 120 ml Olivenöl
→ Salz | Pfeffer

1. Die Walnusskerne in einer Pfanne ohne Fett unter Rühren etwa 3 Min. rösten und beiseitestellen. Die Brunnenkresse und das Basilikum waschen, trocken schütteln und grob hacken. Die Knoblauchzehen schälen und ebenfalls grob hacken.

2. Die Zitrone waschen und abtrocknen. Etwa 1 TL der Zitronenschale fein abreiben und in einen hohen Rührbecher geben. Den Zitronensaft dazupressen.

3. Das gehackte Grün zusammen mit den Walnusskernen und dem Knoblauch zu Zitronensaft und -schale in den Rührbecher geben. Das Öl hinzugießen. Alle Zutaten im Becher mit einem Stabmixer fein pürieren und das Pesto zum Schluss mit Salz und Pfeffer abschmecken.

Cheese, Please!

Dieses Pesto kommt ohne tierische Produkte aus. Für noch mehr cremige Würze kannst du noch 30 g frisch geriebenen Parmesan hinzufügen.

Hol dir mehr Grün in dein Leben!

UM MEHR GRÜN IN DEINEN ALLTAG ZU BRINGEN, MUSST DU NICHT DEINEN JOB KÜNDIGEN UND SELBSTVERSORGER IM WALD WERDEN. DU KANNST DORT AN-FANGEN, WO ES AM MEISTEN BRINGT: IN DEINER KÜCHE, IM HIER UND HEUTE.

Green Eating einfach gemacht

Passion und Freude, das sollte beim Essen immer gegeben sein – und zwar in Kombination mit Nahrungsmitteln, die den Körper zu Hochleistungen anregen und den Geist beflügeln. Als Faustregel gilt: Mindestens die Hälfte deines Tellers sollte frisches Gemüse einnehmen. Bau auch immer mal wieder Rohkost in den Alltag ein, denn die liefert dir all die hitzeempfindlichen Nährstoffe und Substanzen, die sonst verloren gehen. Und verwende vor allem natürliche Lebensmittel, denn so kommen dir keine künstlichen Zusatzstoffe in die Tüte.

Mut zur Mogelpackung

Manchmal fällt es jedem von uns schwer, die guten Vorsätze auf dem Teller zu genießen. Aber, nimm's nicht so schwer: Mogel einfach ein bisschen mehr Grün in deinen Alltag hinein! Gib ein paar Brokkoliröschen für den morgendlichen Smoothie mit in den Mixer, pack Sprossen und Rucola zum Käse auf dein Sandwich oder streu etwas Weizengraspulver ins Müsli. Und wenn es dir zu Hause mal an Zeit fehlt, dann greif einfach zu geschnippel-tem TK-Gemüse. So sieht Schummeln für ein gutes Körpergefühl aus.

Detox at Home

Die meisten von uns überkommt er beim Wechsel der Jahreszeiten: der Wunsch nach neuer Energie und weniger Ballast. Green Detox at home kannst du ganz nach deinen eigenen Bedürfnissen und deinem Tempo gestalten: Sei es eine intensive Smoothie-Woche, während der du neben einem Veggie-Lunch nur grüne Smoothies und Säfte trinkst, oder ein sanfter grüner Monat im Zeichen der Erneuerung, in dem du dir viel Yoga, Salate und grüne Drinks gönnst.

Juice It, Baby!

Manchmal braucht unsere Gesundheit oder unsere Stimmung einen ganz besonderen Boost. Wie wäre es dann mal mit einem grünen Saft? Hierin findest du all die Benefits von grünem Blattgemüse in hoch konzentrierter Form. Am besten eignen sich hierfür Wildkräuter sowie all die grünen Stängel in Bio-Qualität, die häufig im Müll landen – das Grün von Möhren, Rote Bete, Blumenkohl oder Kohlrabi etwa.

Mach den Mixer zum Entsafter

Wer keinen Entsafter besitzt, schmeißt das gewaschene und gehackte Grün einfach in den Mixer, fügt eine kleine Tasse Wasser hinzu und etwas gewaschenes und geschnittenes Obst. Dann wird alles auf hoher Stufe püriert, etwa doppelt so lange wie bei der Zubereitung eines Smoothies. Anschließend eine Schüssel mit einem Seihtuch auslegen und den grünen Mix hineingießen. Das Seihtuch auswringen, sodass der Saft in der Schüssel landet.

Algensalat im Gurkenschiff

Weil Algensalat ziemlich viel Natrium und Jod enthält, sollten wir davon stets nur kleine Portionen essen. Dafür kommen diese hier schön grün verpackt daher!

FÜR 2 PERSONEN
ZUBEREITUNGSZEIT: 15 MIN. |
EINWEICHZEIT: 20 MIN.
PRO PORTION: CA. 185 KCAL |
7 G E | 10 G F | 16 G KH

→ 40 g Meeressalat-Algen (ersatzweise eine Mischung aus Wakame, Dulse und Hijiki; Bio- oder Asialaden)
→ 1 Stück Bio-Ingwer (ca. 1 cm lang)
→ 2 EL Reisessig
→ 1 EL Sojasauce
→ 1 EL Sesamöl
→ 2 TL Mirin (süßer Reiswein; ersatzweise 1 TL Reissirup)
→ 1 Bio-Gurke
→ 1 Handvoll Microgreens (s. S. 47; z. B. Erbsen- oder Rettich-Leaves; ersatz- weise Alfalfasprossen oder Kresse)
→ 1 Msp. Chiliflocken
→ 1 EL heller Sesam

1. Trockene Algen mit etwa der doppelten Menge Wasser in eine Schüssel geben und 15–20 Min. einweichen lassen, bis sie weich aber noch bissfest sind.

2. Unterdessen den Ingwer waschen und etwa ½ TL fein reiben. Ingwer, Reisessig, Sojasauce, Sesamöl und Mirin vermischen. Die Gurke waschen, von den Enden be- freien, der Länge nach halbieren und dann noch einmal quer teilen.

3. Das Innere der Gurkenstücke mit einem Teelöffel herausschaben, sodass zwei Gurkenschiffe entstehen, dabei jedoch nicht den Boden durchstoßen.

4. Einweichwasser der Algen abgießen und überschüssiges Wasser aus den Algen mit den Händen auspressen. Die Algen in eine Schüssel geben, Dressing hinzugeben und alles gut vermengen. Den Salat in die Gurkenschiffe füllen und diese auf zwei Tellern anrichten. Microgreens waschen und trocken tupfen. Chiliflocken über die Salate streuen, diese mit Sesam sowie Microgreens garnieren und servieren.

Sattmacher-Variante

Die Gurke in Scheiben hobeln. ½ Avocado von Schale und Kern befreien und das Fruchtfleisch würfeln. 4 Radieschen waschen, putzen und in dünne Scheiben schneiden. ½ gelbe Paprika von Kernen und weißen Trennwänden befreien, waschen und in Streifen schneiden, 1 Frühlingszwiebel waschen, putzen und in Ringe schneiden. Alles ab zum restli- chen Grünzeug plus Dressing.

Süßkartoffel-Okra-Salat

FÜR 2 PERSONEN
ZUBEREITUNGSZEIT: 25 MIN. |
BACKZEIT: 25 MIN.
PRO PORTION: CA. 570 KCAL |
9 G E | 23 G F | 81 G KH

FÜR DEN SALAT
→ 600 g Süßkartoffeln
→ 1 EL Olivenöl
→ Salz | Pfeffer
→ 300 g Okraschoten
→ 2 Frühlingszwiebeln
→ ½ rote Paprika
→ 100 g Mais (aus der Dose)

FÜR DAS DRESSING
→ 1 Limette
→ 2 TL mittelscharfer Senf
→ 1 EL Honig
→ 3 EL Olivenöl
→ 1 EL Aceto balsamico bianco
→ Salz

1. Den Backofen auf 200° vorheizen. Süß-kartoffeln waschen, putzen und in etwa 1 cm große Würfel schneiden. Diese auf einem mit Backpapier ausgelegten Back-blech verteilen, mit dem Olivenöl beträu-feln, salzen, pfeffern und 20–25 Min. im Ofen (Mitte) backen, bis sie gut gebräunt und gar sind. Kartoffeln aus dem Ofen nehmen und etwas abkühlen lassen.

2. In der Zwischenzeit die Okras und die Frühlingszwiebeln putzen, waschen und in Scheiben schneiden. Paprika von weißen Trennwänden und Kernen befreien, waschen und in feine Streifen schneiden.

3. Für das Dressing die Limette halbieren und den Saft auspressen. Limettensaft, Senf, Honig, Öl, Essig, 1 EL Wasser sowie Salz in einen Dressingmaker oder in ein Schraubglas geben und gut schütteln, bis sich alle Zutaten vermischt haben.

4. Süßkartoffeln, Okras, Frühlingszwie-beln und Paprika in eine Schüssel geben. Mais hinzufügen und alles vermengen. Das Dressing über den Salat träufeln und untermischen. Den Salat auf zwei Tellern anrichten und servieren.

Okra-Benefit

Okras sind hierzulande noch wenig bekannt, dennoch findest du sie in vielen türkischen oder arabischen Gemüseläden sowie in afrikanischen und indischen Shops. Das Besondere: Okras enthalten nicht nur jede Menge Folsäure, Provitamin A und An-tioxidantien wie Vitamin C. Nein, Okra ist auch reich an Schleim- und Ballaststoffen. Diese fördern die Verdauung und schützen den Magen-Darm-Trakt.

Try something new!

Kürbiskern-Vinaigrette mit Erdbeeren

FÜR 4 PORTIONEN
ZUBEREITUNGSZEIT: 5 MIN.
PRO PORTION: CA. 165 KCAL |
3 G E | 15 G F | 3 G KH

→ 5 Erdbeeren
→ 3 Stängel Basilikum
→ 3 EL Kürbiskerne
→ 4 EL Olivenöl
→ 2 EL Weißweinessig
→ 1 TL Honig
→ Salz | Pfeffer

1. Die Erdbeeren waschen, vom Grün befreien und vierteln. Basilikum waschen, trocken schütteln und die Blätter abzupfen. Beides zusammen mit den restlichen Zutaten in einen hohen Mixbecher geben.

2. Die Dressingzutaten im Becher mit einem Stabmixer fein pürieren. Das Dressing ergänzt wunderbar grüne Blattsalate und hält sich luftdicht verschlossen etwa 3 Tage im Kühlschrank.

Veganes Caesar-Dressing

FÜR 4 PORTIONEN
ZUBEREITUNGSZEIT: 10 MIN.
PRO PORTION: CA. 200 KCAL |
3 G E | 19 G F | 2 G KH

→ ¼ Bio-Avocado
→ ⅓ Zucchino
→ ½ Frühlingszwiebel
   (untere, helle Hälfte)
→ 1 Zitrone
→ 1 Knoblauchzehe
→ 40 g Macadamianusskerne
→ 2 TL Apfelessig
→ 4 EL Olivenöl
→ 1 EL Hefeflocken
→ 1 Prise gemahlene Muskatnuss
→ Salz
→ Cayennepfeffer

1. Avocado schälen und in einen hohen Mixbecher geben. Den Zucchino putzen, waschen und würfeln. Frühlingszwiebel putzen, waschen und in Ringe schneiden. Saft der Zitrone auspressen. Knoblauch schälen und vierteln. Alle vorbereiteten Zutaten zur Avocado in den Mixbecher geben und die restlichen Zutaten ergänzen. 2 EL Wasser hinzugeben.

2. Alles mit einem Stabmixer fein pürieren. Das Dressing passt zu kunterbunten Salatmischungen und hält sich luftdicht verschlossen etwa 3 Tage im Kühlschrank.

Fruchtiger Kale-Avocado-Salat

Gerade im Winter ist der gelegentliche Griff zu Südfrüchten durchaus erlaubt, denn sie versorgen uns mit der Sonnenenergie, die wir so bitter vermissen.

FÜR 2 PERSONEN
ZUBEREITUNGSZEIT: 20 MIN.
PRO PORTION: CA. 505 KCAL |
10 G E | 44 G F | 16 G KH

- → 250 g Grünkohl
- → 1 Bio-Avocado
- → ½ Zitrone
- → 3 EL Hanföl (ersatzweise Olivenöl)
- → Salz
- → 1 TL Honig
- → 2 TL Apfelessig
- → Cayennepfeffer
- → 3 EL Haselnusskerne
- → ½ Mango

1. Grünkohl waschen, trocken schütteln, von dicken Blattrippen befreien, in feine Streifen schneiden und in eine große Salatschüssel geben. Avocado halbieren, entkernen, das Fruchtfleisch von einer Hälfte mit einem Löffel aus der Schale heben und in einer kleinen Schüssel mit einer Gabel zermusen. Die Zitronenhälfte darüber auspressen, anschließend 1 EL Öl und etwas Salz dazugeben.

2. Die Avocadocreme zum Grünkohl geben und mit den Händen einmassieren, bis der Grünkohl allmählich weicher wird. Den Salat beiseitestellen. Für das Dressing das restliche Öl mit Honig, 2 TL Wasser, Apfelessig sowie etwas Cayennepfeffer in eine Schüssel geben und verquirlen.

3. Haselnüsse grob hacken und in einer Pfanne ohne Fett unter Wenden etwa 3 Min. rösten, bis sie zu duften beginnen. Zweite Avocadohälfte sowie die Mango schälen und das Fruchtfleisch würfeln. Würfel zum Grünkohlsalat geben. Das Dressing darüberträufeln, den Salat zuletzt mit den gerösteten Haselnüssen bestreuen und servieren.

Mango-Magie

Eine Mango liefert den Tagesbedarf an Vitamin C und deckt gut die Hälfte unseres täglichen Bedarfs an Provitamin A. Darüber freuen sich Haut, Augen und Immunsystem. Reife Mangos erkennst du übrigens nicht unbedingt an ihrer Färbung, sondern vor allem daran, dass sie auf Druck leicht nachgeben. Steinharte Mangos mit Äpfeln zusammenstecken und 2–3 Tage nachreifen lassen.

Zucchini-Sommersalat

Die Sonne scheint und der Baggersee ruft? Dann vergeude keine Zeit, füll das Dressing in ein Einmachglas, pack das Grünzeug in die Lunchbox, schnapp dir den Bikini und ab geht's an den Beach.

FÜR 2 PERSONEN
ZUBEREITUNGSZEIT: 20 MIN.
PRO PORTION: CA. 270 KCAL |
12 G E | 13 G F | 14 G KH

→ 3 EL geschälte Hanfsamen
→ Salz
→ Cayennepfeffer
→ 1 kleine Handvoll Rucola
→ ½ Zucchino
→ ½ Gurke
→ 1 kleine Möhre
→ 250 g grüner Spargel
→ 150 g Kirschtomaten
→ ½ Frühlingszwiebel
→ ½ Zitrone
→ 2 TL Erdbeerkonfitüre (möglichst mit reiner Fruchtsüße)
→ 1 EL Olivenöl
→ 2 TL Weißweinessig
→ 1 TL mittelscharfer Senf
→ 1 TL Dulse-Flocken (s. S. 122; optional)

1. Hanfsamen ohne Fett in einer kleinen Pfanne bei mittlerer Hitze unter ständigem Wenden etwa 2 Min. rösten, bis sie zu bräunen beginnen. Je 1 Prise Salz und Cayennepfeffer drüberstreuen, die Hanfsamen für 1 Min. rührend weiter rösten und anschließend vom Herd nehmen. Samen zum Abkühlen in eine Schüssel umfüllen, damit sie nicht verbrennen.

2. In der Zwischenzeit Rucola waschen, trocken schleudern und in eine große Salatschüssel füllen. Zucchino, Gurke und Möhre waschen, putzen und mit einem Gemüsehobel oder einem Sparschäler länglich in schmale Streifen schneiden. Diese zum Rucola in die Schüssel geben.

3. Spargel waschen und die holzigen Enden entfernen. Die Köpfe abschneiden und zum Salat geben. Die Stangen ebenfalls mit dem Hobel oder dem Sparschäler länglich in feine Streifen schneiden. Kirschtomaten waschen und halbieren. Frühlingszwiebel waschen, putzen und in Ringe schneiden. Alle drei Zutaten auch zum Salat geben.

4. Für die Vinaigrette den Saft der Zitronenhälfte auspressen. Zitronensaft, Konfitüre, Öl, Essig, 2 EL Wasser, Senf und etwas Salz in ein verschließbares Glas oder einen Dressingmaker geben. Den Behälter schließen und gut schütteln. Das Dressing über den Salat geben und alle Zutaten in der Schüssel gut vermengen. Zum Schluss den gerösteten Hanf und für einen zusätzlichen Nährstoff-Boost nach Belieben Dulse-Flocken auf den Salat streuen.

Hanf zum Knuspern

Hanf ist auch ein großartiger Snack! Hanfsamen rösten, dabei etwas Currypulver, getrockneten Thymian, Basilikum oder Knoblauchpulver zufügen.

Getreidegräser selber züchten

Bau dir deine eigene kleine Farm von Getreidegräsern an.
Dafür brauchst du nicht viel mehr als gute Erde, gute
Samen und ein bisschen Geduld.

FÜR ETWA 3 HANDVOLL WEIZENGRAS
→ 4 EL Bio-Keime (z.B. Dinkel, Weizen, Gerste oder Hafer)
→ 1 Schraub- oder Keimglas
→ 1 flache Keim- oder Pflanzschale, am besten mit Löchern im Boden
→ einige Handvoll (Bio-)Anzuchterde
→ Sprühflasche (optional)

1. Tage 1–3: Samen in einem Schraub- oder Keimglas über Nacht in der doppelten Menge Wasser einweichen. Morgens das Wasser abgießen und die ersten 3 Tage die Samen morgens und abends mit Wasser durchspülen, sprich das Glas mit Wasser auffüllen, ein paar Min. stehen lassen und das Wasser wieder abgießen.

2. Tag 4: Die Keimschale etwa daumenbreit mit Erde füllen. Getreidesaat auf der Erde gleichmäßig verteilen und großzügig bewässern, sodass die Erde nicht im Wasser steht. Die Pflanzschale abdecken oder an einen dunklen Ort stellen.

3. Tage 5–6: Täglich prüfen, ob die Keime noch feucht sind, falls nötig, gießen. Weiterhin im Dunkeln keimen lassen.

4. Tage 7–14: Die Abdeckung entfernen und die Pflanzschale in den Halbschatten stellen. Direkte Sonnenbestrahlung vermeiden. Die Keime regelmäßig bewässern, diese sollten stets leicht feucht sein.

5. Ab Tag 15: Die Getreidegräser sind jetzt etwa 15–20 cm lang und werden mit einem Messer oder einer Schere abgeschnitten. Die Keime sollten sich zu diesem Zeitpunkt auch bereits in zwei Triebe gespalten haben. Am besten lässt sich aus Getreidegras mit einem speziellen Weizengras-Entsafter, einer schonenden Saftpresse oder einem Hochleistungsmixer (s. S. 53) hochkonzentrierter Saft gewinnen. Das Gras kann klein geschnitten auch direkt für Smoothies verwendet werden.

Wild Power

Vielleicht schmieden Wildkräuter vereint heimlich Pläne, um die Weltherrschaft zu erlangen. Denn sie haben solch raffinierte Überlebensstrategien entwickelt, dass sie überall aus dem Boden sprießen. Düngung oder regelmäßige Bewässerung? Pustekuchen. Ihre sekundären Pflanzenstoffe schützen sie – und bereichern unsere Ernährung mit ihrer entzündungshemmenden, antioxidativen und antibakteriellen Wirkkraft.

Big City Greens

Wildkräuter sind an sich das günstigste Gourmet Food der Welt. Denn: Du kannst sie einfach und überall pflücken, Freunde und Familie mit Garten würden sich darüber sogar riesig freuen. Als Einstieg ist hierbei eine Wildkräuter-Führung empfehlenswert, denn sie schärft deinen Blick für die Kostbarkeiten (und die Giftpflanzen!) in deiner Umgebung. Aber selbst absolute Großstadtprimeln können sich allein auf ein erstes Wildnis-Abenteuer begeben: Brennnesseln, Klee, Giersch, Löwenzahn und Gänseblümchen erkennen die meisten. Lass aber bitte immer etwas von der Mutterpflanze stehen, damit sie sich regenerieren kann. Entdecke deine Stadt ganz neu, finde das Grün!

All About Wild Herbs

MANCHMAL MACHEN WIR UNS DAS LEBEN VERDAMMT KOMPLIZIERT, AUCH IN SACHEN ERNÄHRUNG. DABEI KANN HEALTHY EATING SO EINFACH SEIN! BESTER BEWEIS HIERFÜR: WILDKRÄUTER. SIE WARTEN ÜBERALL AUF UNS UND BEREICHERN UNSER LEBEN MIT IHREN UNGEZÜGELTEN SUPERKRÄFTEN.

Die bittere Wahrheit

Da Wildkräuter der menschlichen Kultivierung und damit auch Veränderung entkommen sind, weisen sie meist einen herben Geschmack auf. »Yeah, Bitterstoffe!«, ruft da unser Körper. Denn sie fördern unsere Verdauung und wirken sogar Heißhungerattacken und Zuckersucht entgegen. Bevor es also zum nächsten Schoko-Flash kommt, lieber erst mal zu ein paar Blättern Löwenzahn greifen!

Auf die Wiese, fertig, los!

An sich kannst du wildes Grün genauso in Smoothies, Salaten und Bowls verwenden wie das kultivierte. Brennnesseln – bitte mit Handschuhen pflücken – lassen sich zum Beispiel klein gehackt wie Spinat dünsten. Sogar roh haben sie ihren großen Auftritt: Hierzu einfach vorab gründlich in warmem Wasser waschen oder in ein Tuch wickeln und die Brennhaare mit dem Nudelholz plattwalzen. Beginn am besten damit, nur einen Teil des üblichen Blattgrüns durch Wildkräuter zu ersetzen, um dich allmählich an den Geschmack zu gewöhnen. Und dann steigerst du die Mengen, bis dir nur beim Wort »Unkraut« schon der Magen knurrt.

Wilde Freuden durchs Jahr

Hauptsaison für wildes Grün ist allgemein von April bis September. Frisch halten sich die Kräuter im Kühlschrank nur ein bis zwei Tage. Auf Vorrat lassen sie sich aber wunderbar für Tees in der kalten Jahreszeit trocknen. Und wenn du sie gewaschen und gehackt einfrierst, hast du ganz viel Grün für Suppen und zum Dünsten im Tiefkühlfach. Oder du entsaftest sie, füllst den Saft in eine Eiswürfel-Form und gibst die Eiswürfel später für einen besonders grünen Smoothie mit in den Mixer.

Brokkoli-Avocado-Löffelglück

FÜR 2 PERSONEN
ZUBEREITUNGSZEIT: 35 MIN.
PRO PORTION: CA. 325 KCAL |
9 G E | 21 G F | 21 G KH

→ 500 g Brokkoli
→ 1 Handvoll Spinat
→ 1 kleine Zwiebel
→ 1 Knoblauchzehe
→ 2 TL Kokosöl
→ 500 ml Gemüsebrühe
→ 1 Lorbeerblatt
→ 1 Stück Bio-Kurkuma (ca. 2 cm lang;
  ersatzweise ½ TL gemahlene Kurkuma)
→ 1 Stück Bio-Ingwer (ca. 2 cm lang)
→ 5 Stängel Koriander
→ ½ Apfel
→ 1 Bio-Avocado
→ 1 Prise Cayennepfeffer
→ Salz
→ ½ Zitrone

Tausch mal!

Diese Suppe lässt sich mit jedem Kohlgemüse zubereiten. Sie alle sind ein kraftvolles pflanzliches Mittel zur Zellstärkung und pushen zugleich dein Immunsystem. Ersetze den Brokkoli im Rezept also zur Abwechslung auch mal durch Wirsing-, Grün- oder Rosenkohl.

1. Brokkoli waschen und klein schneiden. Den Strunk schälen und würfeln. Spinat waschen, trocken schütteln und grob hacken. Die Zwiebel und den Knoblauch schälen und klein würfeln. Das Kokosöl in einem großen Topf erhitzen und die Zwiebel darin etwa 2 Min. anbraten. Knoblauch zugeben und den Zwiebel-Knoblauch-Mix 2 Min. unter Rühren braten.

2. Den Zwiebel-Knoblauch-Mix mit der Brühe ablöschen. Brokkoli und Spinat sowie das Lorbeerblatt in den Topf geben, den Topfinhalt aufkochen und anschließend bei niedriger bis mittlerer Hitze etwa 10 Min. zugedeckt köcheln lassen.

3. Unterdessen Kurkuma und Ingwer waschen und klein schneiden. Koriander waschen, trocken schütteln und hacken. Apfelhälfte waschen, vom Kerngehäuse befreien und würfeln. Alles zur Suppe geben und diese weitere 5–7 Min. kochen.

4. Die Suppe vom Herd nehmen und das Lorbeerblatt entfernen. Avocado halbieren, entkernen und das Fruchtfleisch aus der Schale zur Suppe löffeln. Die Suppe im Standmixer oder mit einem Stabmixer fein pürieren, mit Cayennepfeffer, Salz und dem Saft der Zitronenhälfte abschmecken und in zwei Suppentellern servieren.

Pho for Beginners

FÜR 2 PERSONEN
ZUBEREITUNGSZEIT: 40 MIN. |
GARZEIT: 40 MIN.
PRO PORTION: CA. 350 KCAL |
12 G E | 2 G F | 69 G KH

→ 1 Bund Suppengrün
→ 1 Stängel Zitronengras
→ 1 weißer Rettich
→ 2 Knoblauchzehen
→ 2 kleine Chilischoten
→ 1 große Zwiebel
→ 1 Stück Bio-Ingwer (ca. 5 cm lang)
→ 2 Sternanis
→ 1 Nelke
→ 1 TL Koriandersamen
→ 1 Zimtstange
→ 1 TL schwarze Pfefferkörner
→ 2 TL Rohrohrzucker
→ Salz
→ 2 Pak Choi
→ 1 Handvoll Mungobohnensprossen
→ 3 Stängel Thai-Basilikum
→ 2 Stängel Koriander
→ 1 Frühlingszwiebel
→ ½ Bio-Limette (optional)
→ 100 g breite Reisnudeln

1. Das Suppengrün waschen, putzen, bei Bedarf schälen und würfeln. Den Zitronengrasstängel waschen, von äußeren Blättern befreien und in Scheiben schneiden. Den Rettich putzen und würfeln. Die Knoblauchzehen schälen und halbieren. 1 Chilischote halbieren, von den Kernen befreien, waschen und klein schneiden. Die Zwiebel schälen, Ingwer waschen, beide längs halbieren und in einer Pfanne ohne Fett etwa 3 Min. unter Wenden rösten.

2. Anis, Nelke, Koriander, Zimt und die Pfefferkörner in einem großen Topf ohne Fett unter Wenden 2–3 Min. rösten. Wenn sich der Duft der Gewürze zu entfalten beginnt, das vorbereitete Gemüse, Zwiebel und Ingwer sowie Zucker und etwas Salz hinzugeben. Vorsichtig 1 l Wasser zugießen, den Topfinhalt zum Kochen bringen und anschließend bei niedriger Hitze etwa 40 Min. zugedeckt köcheln lassen.

3. Unterdessen den Pak Choi waschen und die Blätter in Streifen schneiden. Sprossen in einem Sieb waschen und anschließend abtropfen lassen. Das Thai-Basilikum und den Koriander waschen, trocken schütteln und ohne Stiele grob hacken. Frühlingszwiebel putzen, waschen und in Scheiben schneiden. Restliche Chilischote längs halbieren, von Kernen befreien, waschen und hacken. Falls verwendet, die Limette waschen und in Scheiben schneiden.

4. In einem großen Topf reichlich Wasser erhitzen und die Reisnudeln darin je nach Breite 4–7 Min. kochen, bis sie gar sind. Die Nudeln in ein Sieb abgießen und auf zwei Schüsseln verteilen. Pak-Choi-Streifen und Sprossen hinzugeben. Brühe durch ein Sieb dazugießen. Die restliche Brühe kann gut eingefroren und später verwendet werden. Die Suppe mit Salz abschmecken. Gehackte Kräuter, Frühlingszwiebel und Chili großzügig über die Suppe streuen und diese nach Belieben mit je 1 Limettenscheibe garniert servieren.

Bete-Suppe mit Minz-Joghurt-Topping

Im Grau der kalten Tage holt uns der hohe Nährstoffgehalt der Roten Beten aus dem Winter-Blues, während sich unsere Augen an ihrer Farbgewalt erfreuen.

FÜR 2 PERSONEN
ZUBEREITUNGSZEIT: 30 MIN. |
BACKZEIT: 35 MIN.
PRO PORTION: CA. 515 KCAL |
11 G E | 31 G F | 44 G KH

FÜR DIE SUPPE
→ 500 g Rote Beten
→ ½ Fenchelknolle
→ 2 ½ EL Olivenöl
→ 1 kleine rote Zwiebel
→ 2 Knoblauchzehen
→ 2 Äpfel (ideal: Granny Smith oder eine ähnlich säuerliche Sorte)
→ 600 ml Gemüsebrühe
→ 40 g Pistazienkerne
→ Salz | Pfeffer

FÜR DEN MINZ-JOGHURT
→ 3 Stängel Minze
→ 150 g griechischer Joghurt
→ 2 EL Apfelmus
→ ½ Limette
→ Salz

1. Den Backofen auf 190° vorheizen. Rote Beten waschen, gut putzen und würfeln. Fenchelknolle waschen, vom Strunk befreien und klein schneiden.

2. Beides auf ein mit Backpapier belegtes Blech geben, mit 2 EL Olivenöl beträufeln und gut vermengen. Das Gemüse im heißen Backofen (Mitte) 30–35 Min. backen, bis die Roten Beten weich sind.

3. In der Zwischenzeit Zwiebel und Knoblauch schälen und würfeln. Äpfel waschen, vierteln, von den Kerngehäusen befreien und klein schneiden. Restliches Olivenöl in einem großen Topf erhitzen und die Zwiebel darin etwa 2 Min. anbraten. Knoblauch und Äpfel hinzugeben und alles unter Rühren weitere 2 Min. braten.

4. Gebackene Rote Beten und Fenchel hinzugeben und die Gemüsebrühe angießen. Den Topfinhalt zum Kochen bringen und etwa 15 Min. bei niedriger Hitze zugedeckt köcheln lassen. Unterdessen die Pistazien hacken und in einer Pfanne ohne Fett unter Rühren etwa 3 Min. rösten.

5. Für den Minz-Joghurt die Minze waschen, trocken schütteln, die Blätter abzupfen und fein hacken. Minze mit dem Joghurt und dem Apfelmus vermengen und den Saft der Limette hinzupressen. Den Joghurt mit etwas Salz abschmecken.

6. Die Suppe vom Herd nehmen, mit einem Stabmixer fein pürieren und mit Salz und Pfeffer abschmecken. Die Suppe in zwei Schüsseln füllen und mit Minz-Joghurt sowie gerösteten Pistazien garnieren.

Linsen-Zucchini-Eintopf

Rote Linsen sind ein wahrer Segen für alle, die es schnell und dennoch gesund lieben. Hier wird ihre Proteinpower durch reichlich Veggie-Love ergänzt. Yummy!

FÜR 2 PERSONEN
ZUBEREITUNGSZEIT: 30 MIN.
PRO PORTION: CA. 400 KCAL |
19 G E | 18 G F | 38 G KH

→ 1 kleine Aubergine
→ Salz
→ 2 Zucchini
→ 1 Zwiebel
→ 1 Knoblauchzehe
→ 1 Stück Bio-Ingwer (ca. 2 cm lang)
→ 6 Stängel Koriander
→ 4 Stängel Petersilie
→ 2 EL Kokosöl
→ 600 ml Gemüsebrühe
→ 3 getrocknete Curryblätter (optional)
→ 1 Lorbeerblatt
→ ½ TL scharfes Currypulver
→ 100 g rote Linsen
→ 4 getrocknete Tomaten (in Öl eingelegt)
→ ½ Zitrone

1. Die Aubergine putzen, waschen, trocken tupfen und würfeln. Die Auberginenwürfel in eine Schüssel geben, kräftig salzen und etwa 10 Min. zugedeckt stehen lassen. Unterdessen die Zucchini waschen, putzen und ebenfalls würfeln.

2. Zwiebel und Knoblauchzehe schälen und fein hacken. Ingwer waschen und reiben. Koriander und Petersilie waschen, trocken schütteln, Blättchen abzupfen und Stiele mit Küchengarn zusammenbinden.

3. Aubergine in einem Sieb kalt abspülen und trocken tupfen. Kokosöl in einem großen Topf erhitzen. Zwiebel darin etwa 2 Min. glasig dünsten. Ingwer, Knoblauch, Zucchini und Aubergine hinzugeben und unter Rühren weitere 2 Min. andünsten.

4. Das Gemüse mit der Gemüsebrühe ablöschen, Kräuterstiele, Curryblätter, Lorbeer, Currypulver und etwas Salz hinzugeben und die Suppe zugedeckt aufkochen lassen, anschließend etwa 3 Min. garen. Die Linsen hinzugeben und die Suppe bei niedriger bis mittlerer Hitze zugedeckt weitere 10 Min. köcheln lassen.

5. In der Zwischenzeit die Koriander- und Petersilienblätter hacken. Getrocknete Tomaten in Streifen schneiden. Den fertigen Eintopf auf zwei Teller verteilen und die Kräuterstiele sowie die Curryblätter und das Lorbeerblatt entfernen. Gehackte Kräuter sowie Tomatenstreifen darüber streuen. Etwas Zitronensaft hinzupressen und den Eintopf genießen.

Grünes Gartenglück

Viel Wasser, einiges an Folsäure, Vitamin A und C liefern die Zucchini. Das macht sie zu einem wunderbaren Detox-Gemüse. Das in ihnen enthaltene Mangan aktiviert Enzyme, ist wichtig für deine Knochen und für die Produktion des Glücklichmachers Dopamin.

Green Facts

SO SIEHT SIE AUS, DIE GRÜNE WAHR-
HEIT – HIER GIBT ES ALLERHAND
INTERESSANTE WISSENSHÄPPCHEN
ÜBER DIE GREEN SIDE OF LIFE.

In den 1930er-Jahren stieg der US-amerikanische Spinatkonsum ganz überra-schend um 30 Prozent. Warum? Popeye sei Dank!

Die Gensequenz vom Men-schen unterscheidet sich nur um 0,6 Prozent von der des Schimpansen. Ganz anders bei der Ernährung: Von grünem Blattgemüse futtern Schimpansen im Laufe eines Jahres etwa 117 verschiedene Arten. Das bedeutet eine Vielfalt an Vitalstoffen. Nachäffen aus-drücklich erlaubt!

Grüner oder weißer Spargel? Ist nicht nur Geschmackssache, sie unterscheiden sich auch im Nährstoffgehalt. Weil grüner Spargel ordentlich Sonnenenergie abkriegt, steckt er voller Chlorophyll. Und: mehr Vitamin C und Provitamin A gibt's obendrein.

Etwa 1 g Kalzium sollen wir am Tag zu uns nehmen. Das steckt in 150 g Brennnesseln. Hacken, kurz dünsten, mhhhh!

Jeder Deutsche schmeißt im Schnitt 82 kg an Lebensmitteln im Jahr weg. Fast die Hälfte davon ist Obst und Gemüse. Das lässt sich durch Green Eating reduzieren, denn hier kommen Karottengrün und schrumpeliger Grünkohl in den Mixer!

Römer brachten die Rote Bete nach Mitteleuropa. Sie aßen vor allem die Rübenblätter. Schlau von ihnen, denn die Vitalstoffe der Blätter übertrumpfen die der Beten selbst. Sechsmal so viel Vitamin C, die siebenfache Menge an Kalzium und das 200-fache an Provitamin-A liefern sie.

No-Rice-Veggie-Sushi

Reisfreies Sushi? Na klar! So kannst du noch mehr Veggie-Superpower und die Magie des Ozeans genießen – besonders fein mit Sojasauce und Wasabi serviert.

FÜR 24 STÜCK
ZUBEREITUNGSZEIT: 35 MIN.
PRO STÜCK: CA. 45 KCAL |
2 G E | 3 G F | 2 G KH

- → 2 EL heller Sesam
- → ½ Frühlingszwiebel
- → 70 g Cashewkerne
- → ½ Zitrone
- → 1 ½ TL Miso-Paste
- → 1 TL Hefeflocken
- → Salz | Pfeffer
- → 1 Gurke
- → 1 Bio-Avocado
- → 1 Handvoll Mungobohnensprossen
- → 100 g Räuchertofu
- → 4 Nori-Blätter

AUSSERDEM
- → Bambusmatte zum Rollen (optional)

1. Sesam in einer Pfanne unter Wenden ohne Fett etwa 3 Min. rösten, dann in eine Schüssel füllen. Die Frühlingszwiebel putzen, waschen und in Ringe schneiden. Frühlingszwiebelringe zusammen mit den Cashewkernen, dem Saft der Zitronen-hälfte, Miso-Paste, Hefeflocken und etwa 3 EL Wasser mit den Schneidemessern der Küchenmaschine oder im Standmixer zu einer cremigen Masse verarbeiten. Diese mit Salz und Pfeffer würzen und bis zur Verwendung beiseitestellen.

2. Nun die Gurke waschen und mit einem Gemüsehobel in feine Scheiben schneiden. Avocado halbieren, entkernen, das Frucht-fleisch mit einem Löffel aus der Schale heben und in schmale Streifen schneiden. Sprossen waschen und abtropfen lassen. Tofu in schmale Streifen schneiden.

3. 1 Nori-Blatt auf der Bambusmatte ausle-gen. Alternativ können die Rollen auch auf einer Servierplatte oder einem trockenen Schneidebrett mit der Hand gerollt werden. Etwa ein Viertel der Cashewcreme auf dem Blatt gleichmäßig verteilen, ein Viertel der Sesamsamen darüberstreuen. An der hin-teren Seiten einen daumenbreiten Rand zum Aufrollen freilassen, diesen mit etwas Wasser anfeuchten. Längs nebeneinander ein Viertel der Gurkenscheiben sowie des Tofu, der Avocado und der Sprossen auf der Cashewcreme anordnen.

4. Das Sushi mit der Bambusmatte von unten nach oben eng einrollen. Sobald das Nori-Blatt eingerollt ist, die Matte entfer-nen und das Sushi in sechs mundgerechte Stücke schneiden. Den Vorgang mit den restlichen Nori-Blättern wiederholen.

Miso lohnt sich!

Miso-Paste besteht vor allem aus fermentierten Sojabohnen, Wei-zen oder Reis. Es lohnt sich in un-pasteurisierte Miso zu investieren, denn sie besticht durch natürliche Milchsäurebakterien. Da freuen sich Darm und Verdauung.

Grüne Sommerrollen

FÜR 8 ROLLEN
ZUBEREITUNGSZEIT: 45 MIN.
PRO ROLLE: CA. 155 KCAL |
2 G E | 8 G F | 19 G KH

→ 100 ml Rote-Bete-Saft
→ 2 ½ EL Reisweinessig
→ Salz
→ 50 g Glasnudeln
→ 1 Handvoll Brokkoli-Microgreens
 (s. S. 47; ersatzweise Alfalfasprossen)
→ 1 Handvoll Postelein
→ 3 Stängel Thai-Basilikum
→ ½ Gurke
→ 1 Möhre
→ 1 Bio-Avocado
→ ½ Zitrone
→ 8 quadratische Reispapierblätter
 (22 × 22 cm)
→ 1 Chilischote
→ 1 Stück Bio-Ingwer (ca. 1 cm lang)
→ 1 ½ Orangen
→ 1 EL Honig
→ 2 EL Sojasauce
→ 3 EL Sesamöl

1. Rote-Bete-Saft mit der gleichen Menge Wasser in einem kleinen Topf zum Kochen bringen. ½ EL Reisweinessig und ½ TL Salz zufügen. Nudeln hineingeben, bei abgeschaltetem Herd zugedeckt etwa 5 Min. ziehen lassen, dann in ein Sieb abgießen, abtropfen und abkühlen lassen.

2. Unterdessen Microgreens und Postelein waschen und trocken schleudern. Thai-Basilikum waschen, trocken schütteln, die Blätter abzupfen und grob hacken. Gurke waschen, putzen, quer halbieren und längs in kleine Sticks schneiden.

3. Die Möhre putzen, waschen und in feine Stifte schneiden. Die Avocado halbieren, entkernen, das Fruchtfleisch mit einem Löffel aus der Schale heben, in Scheiben schneiden und anschließend mit dem Saft der Zitronenhälfte beträufeln.

4. Etwa 500 ml Wasser aufkochen, etwas abkühlen lassen und in eine Pfanne gießen. 1 Reispapierblatt hineinlegen, 10–20 Sek. darin einweichen, dann herausnehmen und auf eine saubere Arbeitsfläche legen.

5. Ein Achtel der Glasnudeln, des vorbereiteten Gemüses sowie der Microgreens und Postelein in der Mitte des Reisblatts verteilen, dabei rundherum einen etwa 2 cm breiten Rand frei lassen. Die Seiten über die Füllung schlagen, dann das Ganze von unten nach oben aufrollen. Rolle auf einen Teller legen und mit einem leicht angefeuchteten Tuch bedecken. Auf diese Weise auch die restlichen Rollen zubereiten.

6. Für den Dip die Chili längs halbieren, Kerne entfernen, die Hälften waschen, fein würfeln und in eine kleine Schüssel geben. Ingwer waschen und fein reiben. Orangen auspressen und den Saft mit dem Ingwer zu den Chiliwürfeln geben. Honig, Sojasauce, Öl und den restlichen Reisweinessig zufügen und alles gut verrühren. Die Rollen zusammen mit dem Dip servieren.

Wirsing-Wraps mit Kürbis-Hirse-Füllung

Ein glutenfreier Wrap, der in wunderbarem Grün angerollt kommt. In ihm verbergen sich das Beauty-Korn Hirse und vitaminreicher Butternut-Kürbis.

FÜR 2 PERSONEN
ZUBEREITUNGSZEIT: 45 MIN.
PRO PORTION: CA. 430 KCAL |
14 G E | 24 G F | 39 G KH

→ 220 g Butternut-Kürbis
→ Salz | Pfeffer
→ ½ TL getrocknetes Basilikum
→ 1 Msp. Chiliflocken
→ 2 EL Olivenöl
→ 80 g Hirse
→ 160 ml Gemüsebrühe
→ 1 EL Erdnussmus (möglichst ungesüßt)
→ ½ Zitrone
→ 1 kleine Frühlingszwiebel
→ 3 Stängel Basilikum
→ 1 Handvoll Spinat
→ ½ grüne Paprika
→ 2 EL Erdnusskerne
→ 4 große Wirsingblätter

1. Den Backofen auf 180° vorheizen und ein Backblech mit Backpapier auslegen. Den Kürbis schälen und entkernen, das Fruchtfleisch in etwa fingerdicke Sticks schneiden. Diese in eine Schüssel geben, Salz, Pfeffer, getrocknetes Basilikum, Chili sowie das Olivenöl hinzufügen und den Schüsselinhalt gut vermengen.

2. Kürbisstücke auf dem Backblech verteilen, sodass sie nicht überlappen, und im heißen Ofen (Mitte) in 15 Min. garen.

3. Inzwischen die Hirse in ein feines Sieb geben und gründlich mit warmem Wasser spülen. Hirse und Gemüsebrühe in einem Topf zum Kochen bringen und anschließend etwa 8 Min. zugedeckt bei reduzierter Hitze köcheln lassen. Das Erdnussmus und den Saft der Zitronenhälfte unter die warme Hirse mengen und diese ohne Deckel beiseitestellen.

4. Frühlingszwiebel putzen, waschen und in feine Ringe schneiden. Basilikum und Spinat waschen, trocken schütteln, die Stiele vom Spinat entfernen, die Basilikumblätter abzupfen. Spinat- und Basilikumblätter fein hacken. Paprika von Kernen und weißen Trennwänden befreien, waschen und in schmale Streifen schneiden. Erdnüsse hacken. Wirsingblätter waschen, Stiele stutzen und mit Kürbissticks, Hirse, Frühlingszwiebelringen, Basilikum, Spinat, Paprika und Erdnüssen belegen, rundum je 3 cm Rand frei lassen.

5. Die Blätter von der Seite her aufrollen und die Blattenden unter die Wraps klemmen. In einer Pfanne den Boden 3 mm hoch mit Wasser bedecken, Wraps hineinlegen und zugedeckt 8–10 Min. dämpfen. Wraps auf zwei Tellern anrichten und mit dem scharfen Erdnuss-Orangen-Dip (s. S. 49) und buntem Salat servieren.

>> *Die Entdeckung einer neuen Speise* fördert das Glück der Menschheit mehr als die Entdeckung eines neuen Sterns. <<

JEAN ANTHÈLME BRILLAT-SAVARIN

Green-Tea-Coconut-Scrub

In den Tiefen deines Küchenschranks geistert noch etwas
Zucker herum? Hier ist die perfekte Verwendung für ihn:
Peel deinen Körper damit!

FÜR 1 SCHRAUBGLAS (220 ML INHALT)

→ 100 g Kokosöl
→ 120 g brauner Zucker (ersatzweise
   weißer Zucker)
→ 1 EL grüner Tee (entspricht etwa
   2 geöffneten Teebeuteln)
→ 1 TL Matcha-Pulver
→ 1 EL flüssiger Honig

1. Kokosöl mit den restlichen Zutaten in
eine kleine Schüssel geben. Alles gut mit
einer Gabel vermengen. Bei festem Kokosöl
etwas Geduld haben, und dieses bitte nicht
erhitzen. Das würde leider dazu führen,
dass sich der Zucker auflöst.

2. Scrub in einem luftdicht verschlossenen
Behälter aufbewahren, so hält es sich mindestens 6 Monate. In den warmen Monaten
stellst du es nach der Benutzung am besten
immer in den Kühlschrank.

So geht's

Dieses selbst gemachte Scrub ist ein
absoluter Allrounder! Es reinigt deine Haut von Kopf bis Fuß, entfernt
alte Hautpartikel, revitalisiert, strafft
und schenkt trockener Haut mehr
Feuchtigkeit. Hierzu massierst du es
einfach in kreisförmigen Bewegun-
gen auf die noch feuchte Haut unter
der Dusche, 30 Sekunden einwirken
lassen, abduschen, fertig! Ebenso
kannst du es nach der Reinigung
etwa 2 Minuten sanft auf dein noch
feuchtes Gesicht einmassieren und
anschließend mit warmem Wasser
abwaschen. So einfach geht Spa im
eigenen kleinen Badetempel.

Delicious Pea-Burger

FÜR 2 PERSONEN
ZUBEREITUNGSZEIT: 30 MIN.
PRO PORTION: CA. 725 KCAL |
35 G E | 31 G F | 78 G KH

FÜR DIE BURGERPATTYS
→ 2 Mangoldblätter
→ 150 g TK-Erbsen
→ Salz
→ 1 kleine Knoblauchzehe
→ 1 kleine Zwiebel
→ 1 Ei
→ 2 TL Tahin
→ 120 g Vollkornmehl (ersatzweise
   Reis- oder Kichererbsenmehl)
→ 2 EL gemahlene Leinsamen (ersatzweise
   Leinmehl, s. S. 123)
→ Cayennepfeffer
→ 2 EL Leinsamen
→ 2 TL Kokosöl

AUSSERDEM
→ 1 Tomate
→ 2 Grünkohlblätter
→ 1 Handvoll Brokkoli-Microgreens
   (s. S. 47; ersatzweise Alfalfasprossen
   oder Kresse)
→ ½ Bio-Avocado
→ 2 XXL-Burgerbrötchen
→ 2 EL Bio-Ketchup (ersatzweise andere
   Sauce nach Belieben, z. B.
   Kräuterschmand)

1. Mangold waschen, trocken schütteln,
hacken, mit den gefrorenen Erbsen in
einen Topf geben, mit etwas Wasser bedecken, salzen, zum Kochen bringen und
5 Min. köcheln lassen, dann abgießen. Das
Gemüse in eine Schüssel füllen und mindestens 5 Min. abkühlen lassen.

2. Inzwischen Knoblauch schälen und
würfeln. Zwiebel schälen, eine Hälfte in
Halbmonde, die andere Hälfte in Würfel
schneiden. Die Tomate waschen, vom
Stielansatz befreien und in schmale Scheiben schneiden. Grünkohl und Microgreens
waschen und trocken schütteln. Grünkohl
in feine Streifen schneiden.

3. Mangold-Erbsen-Mix, Knoblauch,
Zwiebelwürfel und das Ei in der Küchenmaschine mit Schneidmessern oder im
Blitzhacker gegebenenfalls portionsweise
pürieren, nach und nach Tahin, Mehl,
Leinmehl sowie etwas Salz und Cayennepfeffer ergänzen und alles so lange vermengen, bis eine zähflüssige Masse entsteht,
kleine Gemüsestückchen können dabei
erhalten bleiben. Die Leinsamen auf einem
flachen Teller verteilen. Die Hände mit
Mehl bestauben, aus der Erbsenmasse
zwei flache Pattys formen und diese
anschließend in den Leinsamen wenden.

4. Das Kokosöl in einer Pfanne erhitzen
und die Burger darin 7–8 Min. bei mittlerer
Hitze braten, dabei alle 1–2 Min. wenden.
Unterdessen die Avocadohälfte entkernen,
das Fruchtfleisch mit einem Löffel aus der
Schale heben und in Scheiben schneiden.
Die Brötchen aufschneiden, die unteren
Brötchenhälften mit dem geschnittenen
Grünkohl, je einem Patty, Avocado, Zwie-
bel, Tomate und Microgreens belegen.
Ketchup darüberträufeln, die oberen
Brötchenhälften daraufsetzen und die
Burger direkt genießen.

Regenbogen-Pizza

Mehr Veggie-Pizza geht nicht! Brokkoli ersetzt hier das Weißmehl und verwandelt die klassische Pizza damit in eine nährstoffreiche Power-Pizza.

FÜR 2 PERSONEN
ZUBEREITUNGSZEIT: 30 MIN. |
BACKZEIT: 25 MIN.
PRO PORTION: CA. 460 KCAL |
34 G E | 28 G F | 16 G KH

FÜR DEN PIZZABODEN
→ 500 g Brokkoli (möglichst wenig Strunk)
→ 150 g Emmentaler
→ 2 Eier
→ Salz | Pfeffer
→ 1 TL italienische Kräutermischung

FÜR DEN BELAG
→ 1 kleine Tomate
→ 1 Handvoll orangefarbene Kirschtomaten
→ 80 g Mais (aus der Dose)
→ 1 Handvoll Blattspinat
→ 1 rote Zwiebel
→ 6 EL passierte Tomaten

1. Den Backofen auf 220° vorheizen. Ein Backblech mit Backpapier auslegen. Den Brokkoli putzen, waschen und in Röschen teilen. Brokkoliröschen in der Küchenmaschine mit Schneidemessern oder im Blitzhacker eventuell portionsweise so lange pulsierend mixen, bis feine, reisähnliche Stückchen entstanden sind.

2. Daumenbreit Wasser in einen Topf füllen und zum Kochen bringen.

3. Brokkoli hineingeben, zugedeckt bei niedriger Hitze etwa 5 Min. garen, dann abgießen, in eine Schüssel geben und 5 Min. abkühlen lassen.

4. Inzwischen den Emmentaler reiben. Brokkoli in einem sauberen Küchentuch gut auspressen, in eine große Schüssel füllen, Eier und die Hälfte des Emmentalers sowie etwas Salz, Pfeffer und die Kräuter hinzugeben. Alles gut mit einem Kochlöffel vermengen.

5. Die Brokkolimasse auf dem Backblech verteilen, zu einem runden Pizzaboden mit etwa 1 cm Höhe formen und diesen im heißen Backofen (Mitte) etwa 15 Min. backen, bis er sich festigt. Zum Testen mit einer Gabel kurz in die Pizza stechen. In der Zwischenzeit Tomate waschen, vom Stielansatz befreien und in schmale Scheiben schneiden, Kirschtomaten waschen und halbieren. Den Mais in einem Sieb abtropfen lassen. Spinat waschen, trocken schleudern und hacken. Die Zwiebel schälen und in feine Halbmonde schneiden.

6. Den Pizzaboden aus dem Ofen nehmen und die passierten Tomaten dünn darauf verstreichen. Den restlichen Käse auf den Boden streuen und das Gemüse in Kreisen darauf verteilen, beginnend mit der Zwiebel in der Mitte, gefolgt von Spinat, Mais, Kirschtomaten und Tomatenscheiben.

7. Die Pizza erneut in den Ofen schieben und weitere 10 Min. backen, bis der Käse geschmolzen ist. Die Pizza aus dem Ofen holen, etwa 5 Min. abkühlen lassen, halbieren und auf zwei Tellern anrichten.

Grüne Gnocchi mit Tomatenpesto

Grünes aus dem Meer und Grünes vom Land verbinden sich mit Kartoffeln zu selbst gemachten Gnocchi.

FÜR 2 PERSONEN
ZUBEREITUNGSZEIT: 1 STD. 5 MIN. |
RUHEZEIT: 10 MIN.
PRO PORTION: CA. 820 KCAL |
27 G E | 43 G F | 80 G KH

FÜR DIE GNOCCHI
→ 350 g mehligkochende Kartoffeln
→ Salz
→ 150 g Dinkelmehl
→ ½ TL Spirulina
→ 2 TL Weizengraspulver
→ Pfeffer

AUSSERDEM
→ 2 EL gehobelte Mandeln
→ 4 Stängel Basilikum
→ 100 g gehackte Tomaten (aus der Dose)
→ 7 getrocknete Tomaten (in Öl eingelegt)
→ 1 EL Weißweinessig
→ 1 Msp. edelsüßes Paprikapulver
→ Salz | Pfeffer
→ 4 EL Olivenöl
→ 3 EL frisch geriebener Parmesan
→ 250 g Kirschtomaten
→ 1 EL Aceto balsamico

1. Für die Gnocchi die Kartoffeln waschen und diese in ausreichend Salzwasser in 20–30 Min. garen. Unterdessen die Mandeln in einer Pfanne ohne Fett unter Wenden etwa 3 Min. rösten, dann leicht abkühlen lassen. Basilikum waschen, trocken schütteln und grob hacken.

2. Mandeln im Blitzhacker fein mahlen. Basilikum, Tomaten aus der Dose, getrocknete Tomaten, Essig, Paprikapulver, Salz und Pfeffer dazugeben und fein pürieren, dabei nach und nach auch 5 EL Öl und den Parmesan untermixen. Kirschtomaten waschen und halbieren.

3. Die fertigen Kartoffeln abgießen, noch heiß pellen und in einer Schüssel mit dem Kartoffelstampfer zerdrücken. Das Mehl, Spirulina, Weizengraspulver, 1 TL Salz und etwas Pfeffer hinzufügen und alles mit den Händen zu einem festen Teig kneten. Diesen mit einem Küchentuch abgedeckt etwa 10 Min. stehen lassen.

4. Nach der Ruhezeit den Teig halbieren, Teigportionen zu langen Rollen von etwa 2,5 cm Durchmesser ausrollen. Diese in fingerbreite Gnocchi schneiden. Diese leicht mit einer Gabel plattdrücken, auf einem Teller auslegen und mit einem Küchentuch abdecken.

5. Einen großen Topf mit Wasser zum Kochen bringen. Gnocchi portionsweise darin 3–4 Min. sieden lassen, bis sie an der Oberfläche treiben. Gnocchi mit einem Schaumlöffel aus dem Topf heben und auf zwei Teller verteilen.

6. Währenddessen restliches Öl in einer Pfanne erhitzen. Die Kirschtomaten und den Aceto balsamico hinzugeben. Die Tomaten etwa 3 Min. schmoren lassen, bis sie zu karamellisieren beginnen. Gnocchi mit den Tomaten und etwas Pesto angerichtet sofort servieren.

Healthy Grünkern-Ball-Bowl

Schon 100 g Rosenkohl decken den täglichen Bedarf an Vitamin C. Weil dieses sehr hitzeempfindlich ist, lohnt es sich, Rosenkohl möglichst oft roh zu genießen.

FÜR 2 PERSONEN
ZUBEREITUNGSZEIT: 1 STD.
PRO PORTION: CA. 785 KCAL |
25 G E | 28 G F | 106 G KH

FÜR DEN ROSENKOHL
→ 300 g Rosenkohl
→ 2 TL Honig
→ 1 TL Senf
→ 1 EL Apfelessig
→ 1 EL Olivenöl
→ ½ Limette
→ Salz | Pfeffer
→ 100 g Naturreis
→ ¼ Granatapfel
→ 2 EL Mandelblättchen

FÜR DIE GRÜNKERNBÄLLCHEN
→ ½ kleine Zwiebel
→ 1 TL + 1 EL Kokosöl
→ 60 g Grünkernschrot (ersatzweise ganzer Grünkern)
→ 200 ml Gemüsebrühe
→ ½ Knoblauchzehe
→ 1 Msp. getrockneter Thymian
→ 2 getrocknete Tomaten (in Öl eingelegt)
→ 3 EL Kichererbsenmehl

1. Rosenkohl waschen, von Stielen und äußeren welken Blättchen befreien, fein in Streifen schneiden und diese in eine Schüssel geben. In einer kleinen Schüssel Honig, Senf, Essig, Olivenöl, Saft der Limettenhälfte, etwas Salz und Pfeffer vermengen.

2. Die Marinade über den Rosenkohl gießen, gut vermengen und beiseitestellen.

3. Den Reis in einem Sieb mit Wasser gut spülen, dann mit der doppelten Menge Wasser in einem Topf zum Kochen bringen. Die Hitze reduzieren und den Reis zugedeckt 30–35 Min. gar köcheln lassen.

4. Unterdessen für die Grünkernbällchen die Zwiebelhälfte schälen und würfeln. 1 TL Kokosöl in einem kleinen Topf erhitzen und die Zwiebel darin etwa 2 Min. unter Wenden anbraten. Grünkernschrot hinzugeben und etwa 1 Min. mitbraten. Die Brühe angießen und alles zugedeckt zum Kochen bringen. Anschließend die Hitze reduzieren und den Grünkern noch etwa 20 Min. ausquellen lassen.

5. Nach der Garzeit überschüssige Brühe abgießen. Knoblauch schälen, hacken und zusammen mit Thymian, getrockneten Tomaten und dem Kichererbsenmehl zum Grünkern geben. Den Topfinhalt mit dem Stabmixer durchmixen, bis ein grober Teig entstanden ist. Hände anfeuchten und je 1 EL Teig mit den Händen zu einem Bällchen formen. Restliches Kokosöl in einer Pfanne erhitzen und die Bällchen darin in 4–5 Min. unter Wenden von allen Seiten goldbraun anbraten.

6. Granatapfelkerne aus der Schale lösen. Den Reis in zwei Schüsseln anrichten, Rosenkohl und Grünkernbällchen darauf arrangieren und die Granatapfelkerne sowie die Mandelblättchen darüber verteilen. Die Bowls am besten mit etwas Sojasauce oder einem Dip (s. ab S. 48) genießen.

Okra-Curry mit Rotkohl und Quinoa

FÜR 2 PERSONEN
ZUBEREITUNGSZEIT: 40 MIN.
PRO PORTION: CA. 520 KCAL |
18 G E | 23 G F | 58 G KH

→ ⅓ Rotkohlkopf
→ ½ Apfel
→ ½ Zitrone
→ Salz
→ 1 EL Apfelessig
→ 1 ½ EL Olivenöl
→ 150 g Quinoa
→ ½ rote Zwiebel
→ 1 Knoblauchzehe
→ ½ Chilischote
→ 1 Stück Bio-Ingwer (ca. 1 cm lang)
→ 300 g Okraschoten
→ 1 Msp. gemahlene Kurkuma
→ 1 TL Kreuzkümmelsamen
→ 1 TL Senfkörner
→ 1 TL Currypulver
→ 100 g Kokosmilch
→ Pfeffer

1. Den Rotkohl putzen, waschen, in feine Streifen schneiden oder raspeln und in eine Schüssel geben. Den Apfel waschen, vom Kerngehäuse befreien und fein hinzureiben. Saft der Zitrone dazupressen. Salz, Essig und 1 EL Olivenöl hinzufügen und den Schüsselinhalt gut vermengen, Rotkohl auch mit den Händen gut durchkneten.

2. Quinoa in einem feinmaschigem Sieb gut unter heißem Wasser ausspülen und in einen mittelgroßen Topf geben.

3. Die dreifache Menge Wasser und etwas Salz zur Quinoa geben, umrühren, Topfinhalt leicht aufkochen und dann bei niedriger Hitze abgedeckt etwa 15 Min. köcheln lassen, bis das Wasser aufgesogen wurde und die Quinoa eine lockere Konsistenz hat. Quinoa vom Herd nehmen und etwa 5 Min. abgedeckt quellen lassen.

4. In der Zwischenzeit die Zwiebelhälfte schälen und würfeln. Knoblauch schälen und fein hacken. Chilischote von Kernen befreien, waschen und in feine Ringe schneiden. Ingwer waschen und fein reiben. Okraschoten waschen und schräg in daumenbreite Stücke schneiden.

5. Restliches Olivenöl in einer Pfanne oder in einem Wok erhitzen. Zwiebel, Kurkuma, Kreuzkümmel, Senfkörner und das Currypulver hinzufügen und alles unter Wenden etwa 3 Min. anbraten. Die Chiliringe, etwa 1 TL geriebenen Ingwer und die Okras hinzufügen, 4–5 Min. mitanbraten, wenn nötig, noch etwas Öl hinzufügen.

6. Kokosmilch dazugießen, den Wokinhalt einmal aufkochen lassen und 3–4 Min. bei niedriger Hitze köcheln lassen, bis die Okraschoten gar sind. Quinoa auf zwei Schüsseln verteilen, etwas Rotkohl an der Seite anrichten und das Okra-Curry daneben platzieren. Das Curry sofort servieren.

>> Great food
is like
great sex.
The more you have,
the more you want. <<

Brennnessel-Haarwasser

168 Chemikalien schmeißt sich die Durchschnittsfrau so am Tag auf Haut und Haar. Wie sich das verändern lässt? Ganz einfach, durch mehr Natur in deinem Bad.

FÜR 500 ML HAARWASSER
→ 70 g frische Brennnesselblätter
→ 2 EL frische oder getrocknete Lavendelblüten
→ 250 ml Apfelessig
→ 8 Tropfen naturreines Lavendelöl

AUSSERDEM
→ Handschuhe

1. Handschuhe anziehen, die Brennnesseln waschen und hacken. Brennnesseln zusammen mit den Lavendelblüten und etwa 400 ml Wasser in einen kleinen Topf geben und zum Kochen bringen. Den Sud etwa 30 Min. zugedeckt köcheln und anschließend abkühlen lassen.

2. Den Brennnessel-Sud durch ein Sieb in einen verschließbaren Behälter abgießen. Apfelessig und Lavendöl hinzufügen und gut vermischen. Das Haarwasser ist mehrere Monate lang haltbar.

So geht's

Gieße das Haarwasser ein- bis zweimal wöchentlich nach der Haarwäsche großzügig über deine Haare und massiere es in die Kopfhaut ein. Dann mit Wasser ausspülen. Die Kombination von Brennnesseln und Lavendel ist unschlagbar, wenn es um die Gesundheit deiner Haare geht. Wirksam gegen Schuppen und Haarausfall fördert sie zugleich auch gesundes Haarwachstum und die Zellregeneration. Bei sehr trockenen Haaren, empfindlicher Kopfhaut oder chemisch gefärbten Haaren solltest du die Verwendung von Apfelessig erst mal ausprobieren, indem du die Hälfte vom Essig durch Wasser ersetzt.

Green Veggie-Bowl

Grün in all seinen Facetten. Das bringt nicht nur ganz viel Chlorophyll, sondern auch jede Menge Detox-Power und Mineralien.

FÜR 2 PERSONEN
ZUBEREITUNGSZEIT: 50 MIN.
PRO PORTION: CA. 765 KCAL |
21 G E | 44 G F | 71 G KH

→ 20 g Wakame-Algen
→ 150 g Romanesco
→ 150 g Rosenkohl
→ 200 g Grünkohl
→ 2 TL Sojasauce
→ 4 TL Sesamöl
→ 1 Bio-Avocado
→ 160 g Reis-Bandnudeln
→ Salz
→ 1 EL dunkler Sesam
→ 3 EL violette Brokkolisprossen (optional)

FÜR DEN BASILIKUM-BETE-DIP
→ 1 EL heller Sesam
→ 250 g gekochte Rote Beten
   (vakuumverpackt)
→ ½ Limette
→ 1 EL Joghurt
→ 3 Stängel Thai-Basilikum
→ ½ Knoblauchzehe
→ 2 TL Sesamöl
→ 1 EL Sojasauce

1. Backofen auf 200° Umluft vorheizen. Algen in einer kleinen Schüssel mit Wasser bedeckt einweichen. Unterdessen den Romanesco und den Rosenkohl waschen. Romanesco in Röschen zerteilen. Rosenkohl von welken Blättchen und trockenen Schnittstellen befreien und halbieren.

2. Grünkohl von harten Stielen befreien und klein schneiden. Romanesco und Rosenkohl in eine Auflaufform geben, Sojasauce und 2 TL Sesamöl hinzugeben, gut vermengen und etwa 15 Min. im heißen Ofen (Mitte) backen. Dann den Grünkohl hinzugeben, untermengen und die Kohlmischung weitere 5–7 Min. backen.

3. Inzwischen für den Dip den Sesam in einer Pfanne ohne Fett unter Wenden in etwa 3 Min. goldgelb rösten. Rote Beten würfeln und beides in einen Standmixer geben. Saft der Limettenhälfte hinzupressen. Thai-Basilikum waschen, trocken schütteln und klein hacken. Knoblauch schälen, halbieren, beides in den Mixer geben und alles zu einem Dip pürieren. Diesen in eine Schüssel füllen und mit Sesamöl und Sojasauce abschmecken.

4. Avocado längs halbieren, entkernen, schälen, mit restlichem Sesamöl einstreichen und in einer Grillpfanne mit der Schnittfläche nach unten etwa 4 Min. grillen. Währenddessen die Bandnudeln in reichlich kochendem Salzwasser in etwa 5 Min. bissfest garen.

5. Die Nudeln in ein Sieb abgießen, kurz abtropfen lassen und auf zwei Schüsseln verteilen, das Ofengemüse darauf arrangieren. Algen abgießen, überschüssiges Wasser mit den Händen auspressen. Algen, dunklen Sesam und nach Belieben die Sprossen auf den Bowls verteilen. Bowls zusammen mit der gegrillten Avocado und dem Dip servieren.

Linsen-Halloumi-Bowl

Comfort-Food voller Mineralstoffe und Eiweiß. Das richtige für Tage, an denen du wirklich starke Nerven brauchst.

FÜR 2 PERSONEN
ZUBEREITUNGSZEIT: 45 MIN.
PRO PORTION: CA. 690 KCAL |
39 G E | 36 G F | 48 G KH

→ 120 g Beluga-Linsen
→ 200 g grüne Bohnen
→ Salz
→ 2 TL Olivenöl
→ 125 g Halloumi-Käse
→ 1 Möhre
→ ½ rote Paprika
→ 2 Stängel Oregano
→ 1 Handvoll Feldsalat
→ 100 g Kichererbsen (aus der Dose)

FÜR DIE TAHIN-SAUCE
→ 4 EL Joghurt
→ 2 EL Tahin
→ ½ TL Honig
→ 1 Spritzer Zitronensaft
→ 1 TL Weizengraspulver
→ Salz

1. Linsen in einem Sieb gründlich mit Wasser spülen, mit der dreifachen Menge Wasser in einen Topf geben, zum Kochen bringen und anschließend zugedeckt bei niedriger Hitze etwa 30 Min. garen.

2. Unterdessen die Bohnen putzen, waschen, halbieren, in Salzwasser zum Kochen bringen und in etwa 10 Min. bissfest garen. Fertige Bohnen in ein Sieb abgießen und abgedeckt beiseitestellen.

3. Für die Sauce Joghurt in einer kleinen Schüssel mit Tahin, Honig, Zitronensaft, Weizengraspulver und 1 EL Wasser vermengen. Sauce mit Salz abschmecken und alles gut verrühren.

4. Das Olivenöl in einer Bratpfanne leicht erhitzen. Den Halloumi in dicke Scheiben schneiden und beidseitig 2–3 Min. anbraten, bis er zu bräunen beginnt. Dann den Halloumi abgedeckt warm halten.

5. Möhre gut waschen, putzen und fein reiben. Paprika von Kernen und weißen Trennwänden befreien, waschen und in feine Streifen schneiden. Den Oregano waschen, trocken schütteln, die Blätter abzupfen und diese grob hacken. Feldsalat waschen, trocken schütteln und zwei Bowls damit auslegen. Die warmen Linsen auf den Salat löffeln, den Halloumi daneben anrichten, Bohnen, Möhren, Paprika und Kichererbsen hinzugeben. Sauce über die Bowls träufeln und diese mit Oregano garniert sofort servieren.

Sunshine-Zucchini-Pancakes mit Brokkoli-Reis

FÜR 2 PERSONEN
ZUBEREITUNGSZEIT: 40 MIN. |
BRATZEIT: 15 MIN.
PRO PORTION: CA. 590 KCAL |
24 G E | 36 G F | 40 G KH

→ 400 g Zucchini
→ 70 g Kichererbsenmehl
→ Salz
→ 1 Msp. Garam Masala
→ ½ TL Harissa (ersatzweise Cayennepfeffer)
→ 3 EL Sonnenblumenöl
→ 2 Eier
→ 1 Stück Bio-Kurkuma (ca. 2 cm lang; ersatzweise 1 TL gemahlene Kurkuma)
→ 350 g Brokkoli
→ 4 getrocknete Tomaten (in Öl eingelegt)
→ 1 kleine Möhre
→ 5 EL Kokosmilch
→ ½ Knoblauchzehe

1. Zucchini waschen, putzen, fein reiben und die Raspel in einem Küchen- oder Seihtuch gut auspressen. Raspel in eine Schüssel geben, Mehl, Salz, Garam Masala, 1 Msp. Harissa und 1 EL Öl hinzufügen. Die Eier aufschlagen und dazugeben, Kurkuma waschen, fein reiben und etwa 1 TL zur Zucchinimasse geben. Schüsselinhalt gut zu einem Pancake-Teig vermengen.

2. In einer kleinen Pfanne 2 TL Sonnenblumenöl erhitzen. 4 EL Teig in die Pfanne geben und zum Pfannkuchen verstreichen.

3. Den Pfannkuchen 2–3 Min. braten, bis er eine goldbraune Färbung angenommen hat, dann wenden und weitere 2–3 Min. backen. In der letzten Minute die Hitze reduzieren. Aus dem restlichen Teig auf die gleiche Art und Weise einen Pancake backen, falls nötig die Pfanne vorher mit einem trockenen Papiertuch auswischen und erneut Sonnenblumenöl in die Pfanne geben. Die fertigen Pancakes bei 60° im Backofen warm halten.

4. Für die Sauce den Brokkoli waschen, 3 Röschen abschneiden, in den Standmixer geben und den Rest beiseitestellen. Die getrockneten Tomaten halbieren. Die Möhre putzen, waschen und klein schneiden. Getrocknete Tomaten, Möhre, Kokosmilch und 5 EL Wasser mit in den Mixer zu den Brokkoliröschen geben. Etwas Salz und 2 Msp. Harissa dazugeben. Alles fein pürieren. Die fertige Sauce beiseitestellen.

5. Restlichen Brokkoli waschen und in der Küchenmaschine mit Schneidemesser, im Blitzhacker oder mit einem Messer so fein hacken, dass reisähnliche Stückchen entstehen. Den Knoblauch schälen und fein hacken. Nun 2 TL Sonnenblumenöl in der Pfanne erhitzen, Brokkoli und Knoblauch hineingeben und unter Rühren 4–5 Min. braten. Den Brokkoli mit Salz abschmecken und zusammen mit den Pancakes und der Sauce auf zwei Tellern anrichten.

Buchweizen-Champignon-Bowl

FÜR 2 PERSONEN
ZUBEREITUNGSZEIT: 50 MIN.
PRO PORTION: CA. 600 KCAL |
18 G E | 36 G F | 50 G KH

FÜR DIE BOWL
→ 100 g Buchweizen
→ Salz
→ 350 g Löwenzahn
→ ½ Zwiebel
→ 1 Knoblauchzehe
→ 1 EL Kokosöl
→ 1 Zitrone
→ 150 g Champignons
→ 2 EL Microgreens (s. S. 47; z. B. Linsen- oder Kohlrabi-Leaves; ersatzweise Kresse oder Erbsensprossen)

FÜR DEN DIP
→ 50 g Sonnenblumenkerne
→ ½ rote Paprika
→ ½ Apfel
→ 4 getrocknete Tomaten (in Öl eingelegt)
→ 1 TL Apfelessig
→ 1 Prise Chiliflocken
→ 1 TL mittelscharfer Senf
→ 1 Msp. Currypulver
→ 2 EL Sonnenblumenöl
→ Salz

1. Für die Bowl den Buchweizen in einem Sieb mit warmem Wasser spülen. Anschließend mit der doppelten Menge Wasser sowie 1 Prise Salz in einen Topf geben. Den Topfinhalt zum Kochen bringen und dann die Hitze reduzieren. Den Buchweizen zugedeckt in etwa 10 Min. garen, vom Herd nehmen, 10 Min. zugedeckt stehen lassen, dann mit einer Gabel auflockern.

2. Unterdessen einen großen Topf mit Salzwasser zum Kochen bringen. Den Löwenzahn waschen, in etwa 3 cm breite Stücke schneiden, ins kochende Wasser geben und etwa 5 Min. zugedeckt kochen lassen. Löwenzahn abgießen und mit kaltem Wasser abschrecken.

3. Zwiebel und Knoblauch schälen und fein würfeln. Kokosöl in einer Pfanne erhitzen, Zwiebel darin unter Wenden etwa 3 Min. anbraten. Den Knoblauch und den Löwenzahn zur Zwiebel in die Pfanne geben und bei mittlerer Hitze 6–7 Min. dünsten. Die Pfanne vom Herd nehmen, Zitrone halbieren und den Saft einer Hälfte zum Löwenzahn in die Pfanne pressen, diesen salzen und zugedeckt stehen lassen.

4. Für den Dip die Sonnenblumenkerne 3–4 Min. unter Wenden in einer Pfanne ohne Fett rösten und abkühlen lassen. Paprika von Kernen und weißen Trennwänden befreien, waschen und würfeln. Den Apfel waschen, vom Kerngehäuse befreien und würfeln. Sonnenblumenkerne mit Paprika, Apfel, den restlichen Dip-Zutaten und 4–5 EL Wasser in einen Standmixer geben und zu einer dickflüssigen Creme verarbeiten. Diese nochmals mit Salz abschmecken.

5. Champignons vorsichtig putzen und die Stiele herausdrehen. Die Champignons mit dem Dip füllen. Buchweizen in zwei Bowls füllen, Löwenzahn hinzugeben und die Champignons daneben anrichten. Je einen Klecks Dip auf den Buchweizen geben, nach Belieben Microgreens darauf verteilen.

Avocado-Aloe-Gesichtsmaske

Avocados muss man einfach lieben! Unsere Haut tut es auf jeden Fall, vor allem in den kalten Wintermonaten, in denen sie durch Heizungsluft und harsche Temperaturen besonders strapaziert wird.

FÜR 1 MASKENANWENDUNG

→ ½ Avocado
→ 1 TL Honig
→ 1 EL Aloe-Vera-Gel oder -Saft
  (s. S. 122; ersatzweise 1 EL Joghurt)
→ 1 EL Weizengraspulver

1. Avocadohälfte vom Kern befreien und das Fruchtfleisch aus der Schale in eine kleine Schüssel löffeln, dann mit einer Gabel zerdrücken.

2. Die restlichen Zutaten hinzugeben und alles gut verrühren, bis eine cremige Konsistenz erreicht ist. Sofort verwenden.

So geht's

Gesicht reinigen und trocken tupfen. Die frische Avocadomaske großzügig aufs Gesicht auftragen, 15 Minuten einwirken lassen und anschließend mit lauwarmem Wasser abspülen. Die Haut zu guter Letzt wie gewohnt pflegen und verwöhnen. Maskenreste einfach beim Einwirken der Maske auffuttern oder mit etwas Obst zu einem Smoothie verwandeln.

>> Essen ist
ein Bedürfnis,
genießen ist
eine Kunst <<

FRANÇOIS DE LA ROCHEFOUCAULD

Wheatgrass-Strawberry-Cake

**FÜR 1 SPRINGFORM MIT 15 CM Ø
(8 STÜCKE)
ZUBEREITUNGSZEIT: 30 MIN. |
KÜHLZEIT: 1 STD.
PRO STÜCK: CA. 450 KCAL |
7 G E | 35 G F | 27 G KH**

FÜR DEN BODEN
→ 70 g Haselnusskerne
→ 90 g getrocknete Datteln (entsteint)
→ Salz
→ 3 EL Kakao-Nibs (s. S. 122)

FÜR DIE FÜLLUNG UND DAS TOPPING
→ 200 g Cashewkerne
→ 80 ml Agavensirup
→ 120 ml Kokosöl
→ ¼ Limette
→ 1 Vanilleschote
→ 150 g Erdbeeren
→ 1 ½ EL Weizengraspulver
→ 1 EL Kokos-Chips

1. Für den Boden die Nüsse im Blitzhacker klein häckseln. Nach und nach die Datteln, 1 Prise Salz und die Kakao-Nibs hinzufügen und gut mixen, bis die Bodenmasse sich mit den Händen leicht formen lässt. Falls nötig, 1–2 EL Wasser hinzufügen. Der Teig sollte jedoch möglichst fest sein, da er nicht gebacken oder getrocknet wird.

2. Kuchenboden fest in in die Springform drücken und diese für etwa 10 Min. in den Kühlschrank stellen.

3. In der Zwischenzeit für die Füllung Cashews, Agavensirup, etwa 5 EL Wasser und das Kokosöl in den Standmixer geben. Saft der Limette hinzupressen.

4. Vanilleschote längs aufschlitzen, das Mark auskratzen und ebenfalls in den Mixer geben. Alles fein pürieren. Die Hälfte der Masse in eine kleine Schüssel füllen.

5. Erdbeeren waschen und putzen, 2 Erdbeeren beiseitelegen, übrige Erdbeeren halbieren, zur Masse im Mixer geben und diese erneut pürieren. Die Form aus dem Kühlschrank holen und die rosa Mischung auf dem Kuchenboden verteilen. Cake für weitere 15 Min. kühlen.

6. Unterdessen das Weizengraspulver zur Cashewmischung in der Schüssel geben und gut unterrühren, bis sich die Creme gleichmäßig grün verfärbt. Wenn sich die Erdbeermasse in der Springform etwas gefestigt hat, die Weizengrasmischung daraufgeben und gleichmäßig verteilen. Dann den Kuchen für weitere 30 Min. in den Kühlschrank stellen.

7. Vor dem Servieren die beiseitegelegten Erdbeeren in Scheiben schneiden. Den Springformrand entfernen und den Kuchen mit den Erdbeerscheiben sowie den Kokos-Chips garnieren.

Chocolicious Avocado-Mousse

FÜR 2 PERSONEN
ZUBEREITUNGSZEIT: 10 MIN. |
KÜHLZEIT: 30 MIN.
PRO PORTION: CA. 415 KCAL |
7 G E | 31 G F | 27 G KH

→ 1 ½ Bio-Avocados
→ 1 Banane
→ ½ Vanilleschote
→ 2 EL Agavensirup
→ 1 ½ EL Kakaopulver (wenn möglich roh)
→ 1 TL Chia-Samen
→ 1 TL Leinsamen
→ 60 g Heidelbeeren
→ 4 Minzblätter
→ 1 EL Kakao-Nibs (s. S. 122)

1. Avocados halbieren und entkernen, das Fruchtfleisch aus der Schale in den Standmixer oder in einen hohen Rührbecher löffeln. Die Banane schälen, vierteln und hinzugeben. Vanilleschote längs aufschlitzen, das Mark auskratzen und dieses zu Avocados und Banane geben. Agavensirup, Kakaopulver, Chia- und Leinsamen sowie 3 EL Wasser dazugeben.

2. Alle Zutaten im Standmixer oder mit dem Stabmixer zu einer feinen Mousse pürieren. Diese auf zwei kleine Schüsseln verteilen und 30 Min. kühl stellen.

3. Heidelbeeren waschen und trocken tupfen. Avocado-Mousse mit Heidelbeeren und den Minzblättern garnieren und die Kakao-Nibs daraufstreuen.

Peanut-Mint-Mousse

1001 Varianten dieses Rezepts sind denkbar, denn Avocado bietet sich für gesunde Schlemmerdesserts geradezu an. Zum Beispiel auch in Verbindung mit Minze und Erdnussmus. Dazu wäschst du 3 Stängel Minze, zupfst die Blätter ab und packst sie zusammen mit 2 EL Erdnussmus zu den anderen Zutaten im Mixer. Einmal püriert, kalt gestellt, voilà!

Superseeds-and-Spirulina-Balls

Das hier sind echte Power-Kugeln, die dich mit reichlich Protein und guten Fetten versorgen. Und das beste: Chlorophyll und reichlich Antioxidantien gibt's on top!

FÜR 30 STÜCK
ZUBEREITUNGSZEIT: 25 MIN. |
KÜHLZEIT: 1 STD.
PRO STÜCK: CA. 95 KCAL |
2 G E | 7 G F | 6 G KH

→ 90 g Pistazienkerne
→ 80 g Kürbiskerne
→ 70 g Kokosraspel
→ 200 g getrocknete Datteln (entsteint)
→ 5 EL Goji-Beeren (ersatzweise Rosinen)
→ 50 ml Kokosöl
→ 5 EL Apfelsaft
→ 2 EL Hanfmehl (ersatzweise Hanfproteinpulver)
→ 3 EL geschälte Hanfsamen
→ ½ TL Spirulina

1. 2 EL Pistazien und 1 EL Kürbiskerne beiseitestellen. Den Rest zusammen mit 50 g Kokosraspeln im Blitzhacker klein häckseln und vermengen. Datteln und Goji-Beeren mit in den Blitzhacker geben und alles so lange vermengen, bis sich mit den Händen Bällchen aus der Masse formen lassen. Masse in eine Schüssel geben.

2. Festes Kokosöl im Wasserbad flüssig werden lassen. Öl und Apfelsaft in die Schüssel zur Dattelmasse gießen und alles vermengen. Hanfmehl, Hanfsamen sowie das Spirulinapulver hinzugeben und alle Zutaten in der Schüssel gut verrühren.

3. Die beiseitegestellten Pistazien und Kürbiskerne grob hacken und anschließend unter die Masse heben.

4. Die restlichen Kokosraspel auf einen flachen Teller geben. Mit einem Teelöffel von der Dattelmasse kleine Portionen abstechen und mit den Händen zu Kugeln rollen. Diese in den Kokosraspeln wälzen. Die Energyballs mindestens 1 Std. kühlen.

5. Luftdicht verpackt halten sich die Balls etwa 1 Woche im Kühlschrank, sie können jedoch auch eingefroren werden.

Goodbye Sugar Flash

Hier sind jede Menge Datteln drin, aber no worries! Die kleinen Palmfrüchte besitzen reichlich natürliche Süße. Aber so ersetzen sie in süßen Rezepten Industriezucker und liefern zugleich auch reichlich Ballaststoffe, welche den Anstieg des Blutzuckerspiegels abfedern.

Dunkle Schokoladen-Trüffel mit Powergreens

Es scheint zwei Kategorien von Desserts zu geben: Desserts, die beeindrucken, und Desserts, die gesund sind. Lass uns Schluss machen mit diesem Irrtum! Diese Trüffel hauen jeden um und besitzen zugleich jede Menge gute Pflanzenpower.

FÜR 16 TRÜFFEL
ZUBEREITUNGSZEIT: 30 MIN. |
KÜHLZEIT: MIND. 2 STD.
PRO STÜCK: CA. 85 KCAL |
2 G E | 6 G F | 6 G KH

→ 180 g dunkle Schokolade (ersatzweise Schokoladen-Tropfen)
→ 120 g Kokosmilch
→ 1 TL gemahlene Bourbon-Vanille
→ 1 EL Honig
→ ½ TL Matcha-Pulver
→ 3 EL Weizengraspulver

1. Schokolade grob hacken. Kokosmilch in einem Topf erhitzen. Sobald sie köchelt, den Topf vom Herd nehmen, die Schokolade hineingeben und so lange rühren, bis sich die Schokolade aufgelöst hat.

2. Vanille, Honig sowie das Matcha-Pulver unterrühren. Die Masse abkühlen lassen und für mindestens 2 Std., besser über Nacht, in den Kühlschrank stellen.

3. Das Weizengraspulver auf einem großen Teller oder einer Essplatte verteilen.

4. Mit einem Esslöffel walnussgroße Mengen von der gekühlten Schokolade abstechen und mit den Händen zu kleinen Bällchen rollen. Die Bällchen im Weizengraspulver wälzen, bis sie kräftig umhüllt sind. Die Trüffel halten sich 4–5 Tage im Kühlschrank, dann sollten sie jedoch erst kurz vor dem Verzehr im Weizengraspulver gerollt werden.

Probier mal!

Weizengras befindet sich bei dir noch in der Probezeit und hat noch keinen festen Platz in deiner Küche (oder deinem Herzen) sicher? Dann wälze die Trüffel alternativ einfach in 2–3 EL gemahlenen Mandeln oder Kokosraspeln.

Buzzwords

ALOE VERA

Bereits Alexander der Große soll auf seinen Feldzügen Aloe Vera zur Wundheilung verletzter Soldaten mitgeführt haben. Die Aloe kann aber noch mehr als das. Sie schmeckt zwar etwas bitter, fördert dafür aber die Verdauung und wirkt Magenkrankheiten entgegen, stärkt das Immunsystem und hilft bei Muskel- und Gliederschmerzen.

CHLOROPHYLL

Das Blattgrün absorbiert Licht und leitet dieses weiter, damit die Pflanze aus Kohlenstoffdioxid und Wasser Kohlenhydrate zum Leben herstellen kann. Diesen Prozess nennt man Photosynthese. Auch wenn wir diesen Stoffwechselweg nicht nutzen, so tut auch uns der grüne Pflanzenfarbstoff gut – er hilft uns beim Detoxen, unterstützt die Wundheilung und reguliert die Darmfunktion.

DULSE-FLOCKEN

Die Rotalge, die in kalten Küstengewässern des Atlantiks und Pazifiks wächst, kommt getrocknet unter anderem als Flocken in Feinkost- und Bioläden und ist ein Top-Jodlieferant. Ihr nussig-salziger Geschmack würzt als Topping Salate und Suppen.

FREIE RADIKALE

Durch Stoffwechselprozesse und Umwelteinflüsse setzen deine Körperzellen sogenannte freie Radikale frei, die die DNA schädigen können und dich schneller alt aussehen lassen. Weil sich diese Radikale in Kombination mit Sauerstoff bilden, spricht man auch von oxidativem Stress. Aber Green Eating entstresst. Denn Antioxidantien wie Vitamin C und einige Pflanzenfarbstoffe sagen den freien Radikalen den Kampf an.

GRÜNE SÜSSE

Mittlerweile gibt es eine große Auswahl an pflanzlichen Süßungsmitteln, die nichts mit Aspartam & Co. gemeinsam haben. Kokosblütenzucker ist ein niedrig-glykämischer Zuckerersatz, der aus dem Nektar von Kokospalmen gewonnen wird. Geschmacklich erinnert er an Karamell. Er ersetzt in Rezepten 1:1 herkömmlichen Zucker.

Bei der Verwendung von Stevia braucht es dagegen bei der Dosierung etwas Übung, dafür ist es ein sehr zahnfreundliches und kalorienarmes Süßungsmittel. Stevia besitzt außerdem einen intensiven Eigengeschmack, der nicht jedem gefällt.

Der hohe Fructosegehalt von Agavensirup spricht dafür, ihn nur ab und an zu verwenden, denn eine hohe Fructoseaufnahme steht in direktem Bezug zum metabolischen Syndrom, erhöht also das Risiko von Fettleibigkeit, Diabetes Typ 2 und Bluthochdruck.

Honig wirkt auf unseren Körper ähnlich wie Zucker, besitzt jedoch auch Mineralstoffe und Enzyme. Honig vom Imker aus der Region hinterlässt außerdem einen weitaus geringeren CO_2-Footprint als viele der anderen Alternativen.

Der hohe Anteil an Mehrfachzuckern im Reissirup hilft, fiese Heißhunger-Attacken und Sugar Crashs zu vermeiden.

KAKAO-NIBS

Für Kakao-Nibs wird die rohe Kakaobohne geschält, in kleine Stücke gebrochen und getrocknet. Sie schmecken herb-schokoladig und kommen komplett ohne Zucker aus. Stattdessen fangen sie in deinem Körper freie Radikale, versorgen dich mit Eisen, Magnesium sowie herzgesunden Fettsäuren, und sie machen dich glücklich.

LEINMEHL

Die entölte Leinsaat wird zu feinem Mehl vermahlen, das in Müsli, Smoothies und Teigen die Ballaststoff- und Eiweißkurve nach oben schnellen lässt. Im fein zermahlenen Samen kann dein Körper auch all die guten Inhaltsstoffe nutzen, die unter der Schale liegen und beim Verzehr von ganzen Leinsamen unverdaut wieder ausgeschieden werden, allen voran Lignane, die Herz-Kreislauf-Erkrankungen vorbeugen, und das lebenswichtige Spurenelement Selen.

MORINGAPULVER

Moringabäume werden auch Meerrettichbäume genannt und wachsen vor allem in Asien und Afrika. Genau wie Meerrettich besitzen ihre Blätter eine gewisse Schärfe, aber auch eine Fülle an Vitaminen und Mineralien wie Kalzium, Eisen und Provitamin A.

SEKUNDÄRE PFLANZENSTOFFE

Sie verleihen Pflanzen ihre Farbe, wehren Fressfeinde oder Mikroben ab und regulieren das Pflanzenwachstum. Für uns Menschen haben Polyphenole, Carotinoide, Phytoöstrogene & Co. zwar keinen essenziellen Nährwert, sie sorgen aber trotzdem für ein Gesundheitsplus in deinem Körper. Sie können das Risiko für bestimmte Krebserkrankungen mindern, wirken sich positiv auf das Herz-Kreislauf-System und die Blutfettwerte aus und hemmen Entzündungen.

Where to Buy

MATCHA, GOJI-BEEREN, WEIZENGRAS-PULVER UND MEHR …

… erhältst du mittlerweile zum Glück in den meisten Bioläden und auch bei Veganz, dm und Rossmann.
Online:
www.veganz.de
www.alnatura.de

SUPERFOOD-PULVER

Tolle Superfood-Pulver gibt es von LebePur (www.lebepur.com). Sie sind auch in vielen Drogerien und Bioläden erhältlich.

GREEN COOKING IST GREEN LIVING!

Mundraub (www.mundraub.org) und Foodsharing (www.foodsharing.de) machen beides einfacher. Mundraub ermöglicht es dir zum einen Fallobst- und Wildkräuterwiesen auf einer interaktiven Map zu finden und teilen. Und dank Foodsharing können wir alle aktiv der Essensverschwendung entgegenwirken.

BIO-SAATGUT FÜR SPROSSEN UND MICROGREENS:

www.biogartenversand.de
shop.beetfreunde.de

Register

Eat healthy
Be happy!

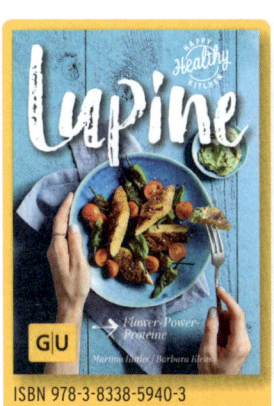

Impressum

© 2017 GRÄFE UND UNZER VERLAG GmbH, München

Alle Rechte vorbehalten. Nachdruck, auch auszugsweise, sowie Verbreitung durch Bild, Funk, Fernsehen und Internet, durch fotomechanische Wiedergabe, Tonträger und Datenverarbeitungssysteme jeder Art nur mit schriftlicher Genehmigung des Verlages.

Konzept: Marline Ernzer, Stefanie Poziombka

Projektleitung: Marline Ernzer

Lektorat: Cora Wetzstein

Korrektorat: Petra Bachmann

Bildredaktion: Nele Radtke, Marline Ernzer

Innen- und Umschlaggestaltung: Anzinger und Rasp Kommunikation GmbH, München

Herstellung: Martina Koralewska

Satz: L42 AG, Berlin

Reproduktion: Medienprinzen, München

Druck und Bindung: F+W Druck- und Mediencenter, Kienberg

Printed in Germany

ISBN 978-3-8338-6188-8

1. Auflage 2017

Die GU-Homepage finden Sie unter www.gu.de

Ein Unternehmen der
GANSKE VERLAGSGRUPPE

www.facebook.com/gu.verlag

DIE AUTORIN

Chantal Sandjon ist Ernährungswissenschaftlerin, Rohkost-Enthusiastin und Mutter einer kleinen Tochter. Ihre Begeisterung für gesunde Ernährung kann man ihren kreativen, grünen Rezepten entnehmen. Bei GU sind zuletzt von ihr die *Rainbow Kitchen* und *Müsli Mixing* erschienen.

DER FOTOGRAF

Thorsten Suedfels lebt in Hamburg und fotografiert vor allem Food und Stills für Magazine, Verlage und Agenturen. Für *Green Cooking* hat er zusammen mit **Pia Westermann** (Foodstyling) und **Charlotte Schwab** (Handmodel) das frische Grünfutter gekonnt und kreativ in Szene gesetzt.

BILDNACHWEIS

Alle Fotos: Thorsten Suedfels, Hamburg

Titelfoto und U4: Nicky Walsh, Berlin

Weitere Fotos: Getty Images: S. 112, iStock: S. 2, 6, 18, 30 (li.), 31 (o.li., u.li.), 52, 84; Seasons Agency: S. 31 (o.re.); Shutterstock: S. 20; Stocksy: S. 98

Illustrationen: Tanja Meyer, Bonn

TITELREZEPT

Green-Veggie-Bowl (S. 102) leicht modifiziert

Syndication: www.seasons.agency

Liebe Leserin, lieber Leser,

haben wir Ihre Erwartungen erfüllt? Sind Sie mit diesem Buch zufrieden? Haben Sie weitere Fragen zu diesem Thema? Wir freuen uns auf Ihre Rückmeldung, auf Lob, Kritik und Anregungen, damit wir für Sie immer besser werden können.

GRÄFE UND UNZER Verlag
Leserservice
Postfach 86 03 13
81630 München
E-Mail:
leserservice@graefe-und-unzer.de

Telefon: 00800 / 72 37 33 33*
Telefax: 00800 / 50 12 05 44*
Mo–Do: 9.00 – 17.00 Uhr
Fr: 9.00 – 16.00 Uhr
(gebührenfrei in D, A, CH)*

Ihr GRÄFE UND UNZER Verlag
Der erste Ratgeberverlag – seit 1722.

Umwelthinweis:
Dieses Buch ist auf PEFC-zertifiziertem Papier aus nachhaltiger Waldwirtschaft gedruckt.
Umschlag: ZanpacTouch

Backofenhinweis:
Die Backzeiten können je nach Herd variieren. Die Temperaturangaben in unseren Rezepten beziehen sich auf das Backen im Elektroherd mit Ober- und Unterhitze und können bei Gasherden oder Backen mit Umluft abweichen. Details entnimmst du bitte deiner Gebrauchsanweisung.